特殊教育
課程 與 教學
——案例與問題導入

李翠玲 著

李翠玲

學　歷：英國伯明翰大學哲學博士，主修特殊教育

現　職：國立清華大學特殊教育學系教授

曾　任：特殊學校教師、特殊教育學系系主任、特殊教育中心主任、Fulbright 研究學者、美國北科羅拉州大學與舊金山州立大學交換學者

著　作：《特殊教育教學設計》、《個別化教育計畫（IEP）理念與實施》、《重度與多重障礙》、《看見台灣水生植物》、《缺憾的超越》

E-mail：ynnad165@gmail.com

作者序

　　我在 2001 年寫《特殊教育教學設計》時，寫到最後一章最後幾個字，感覺特別難寫，一直絞盡腦汁想了又想，改了又改，終於交稿，當時就想以後不要寫書了，實在辛苦。那時寫書最主要的目的，是因為當時國內很缺這方面教科書，每次上這門課都要印很多講義，因此才興起將資料講義整理彙整成教科書，這樣上課和學習比較有系統，也比較方便。

　　一眨眼，距離上次出版的書已經超過 20 年了，書也一刷再刷到 16 刷，而特殊教育課程與教學幾經變革，也多了很多新資料，經常上課都要補充不少資料。現階段坊間也多了好幾本特殊教育課程、特殊教育教學、特殊教育教材教法的合著、單一作者或翻譯方面的書籍，可以參考的書也不缺了。

　　之所以再次起心動念提筆撰寫本書，主要是因為上次寫的書資料大多過時，而我這些年參與過的研究、特教評鑑、特教個案會議不少，接觸了許多特殊學生、老師與家長，這些都是幫助學習的好案例。從案例找問題，再與特殊教育課程和教學法結合，以問題本位學習（problem-based learning，簡稱 PBL），帶給學生的印象較為深刻，也較為具體。這些年我大致也依此模式上課，學習效果不錯，因此就想以此法成為本書導入之方式。

　　本書撰寫的模式跟《特殊教育教學設計》類似，教學法以綱要式為架構，力求精簡明白。在講述各障礙類別教學法時，力求

全面，從理論基礎到應用範例，以證據本位實務來選取。有些教學法因實證研究不多，有些理論基礎缺乏，就只能捨棄，這也使得原本安排的主題從 13 章，縮減為 10 章。例如引導式教育、體制外的園藝治療、華德福之療癒教育等因實證研究不足而放棄，未來有機會待論文更多時再置入。本書共 10 章，分兩大部分，即特殊教育課程與特殊教育常用的教學法。課程部分包括理論基礎、課程發展、融合教育與課程調整，以及教案設計等。教學法部分包括智能障礙學生之教學法：直接教學法、工作分析法與自我決策等；學習障礙學生之教學法：故事結構教學法、交互教學法等；自閉症學生之教學法：結構式教學法（TEACCH）、圖片兌換溝通系統（PECS）與社會故事等，以及特殊學生問題行為之處理策略，包含正向行為支持與行為介入方案等。最後一章則為議題趨勢與展望。

本書涵蓋面廣，撰寫過程除需閱讀大量文獻外，亦需從教學現場角度撰寫應用範例，有些資料也須查證以求嚴謹，因此無法速成。從動筆到完成又是兩三年，原本答應出版社 2020 年要交稿，但還是拖到 2021 年年底才完稿。囿於才疏學淺，難免疏漏錯誤，敬請讀者先進不吝指教，未來有機會再印再予以修正。特別感謝曾煜程老師提供教案範例，也感謝我過去和現在的助理協助整理資料。另外，也要感謝心理出版社同仁編輯上的協助。撰寫過程亦感謝外子天賜的鼓勵與家中三狗的陪伴。

李翠玲 于台灣新竹

國立清華大學特殊教育學系

e-mail: ynnad165@gmail.com

2021.11

目次

表次

圖次

Chapter 1

緒論

　　特殊教育是一項專業，從課程與教學最能看出其專業的表現。本章為特殊教育課程與教學之概述，共分三節，第一節是特殊教育課程的一般定義與類別，引申到特殊教育課程內涵面向；第二節概述特殊教育教學；最後一節則探究特殊教育課程與教學之關係。

第一節　特殊教育課程

以下分就特殊教育課程定義與類型探討。

一、課程的定義

(一) 從字義到內涵面向

　　課程（curriculum），從字面上來看其意義是「跑道」的意思，引申為「學習的路程」，即為達到教育目的、學生學習所必須遵循的途徑。廣義來說，課程是指個人由未成熟至成人的生活

過程中，所必須循序經歷的活動之過程。狹義來說，就是指學生在學校內循著一定的程序而進行的各種學習活動。

　　課程也可從幾個 W 來看，如 Snell（1987）即指出課程應包括：（1）What：希望學生學習到什麼樣的學習結果？（2）What：學生需要學習什麼樣的技能以達到上述的學習結果？（3）How, Who：這些技能要如何教？被誰教？（4）Where：在哪裡教？（5）How：課程如何被評鑑？

　　從課程的內涵來看，其要素包含內容、組織和過程三個層面。內容告訴老師教些什麼，組織是指要如何編排／編制這些課程內容，而過程則是指課程內容的呈現方式，包括教學方法、教學活動，以及教學情境的安排等。課程之具體形式，有的以課程綱要的方式呈現；有的課程內容完整，不但有給學生閱讀的教材，還包括給老師的教學計畫、評量表等，方便老師使用。

(二) 從具體到抽象面向

　　課程的定義從具體到抽象，共有產品、計畫、有意圖的學習與學習者的經驗等四個層面（李翠玲，2001；施良方，1997）。茲說明與評析如下：

1. 課程是產品

　　此一定義是強調文書資料，包括上課所用的教科書、課程綱要、教案、學生作業及考卷等，這些都是在教學前、教學中和教學後所留下的成果，是課程的產品。

　　在特殊教育領域中，課程的產品是諸如教科書、作業單、教材教具與學習輔具等，基本上就是擁有具體形式、通常以書面方式呈現。個別化教育計畫（Individualized Education Program，簡

稱 IEP）通常以書面方式呈現，也可視為課程的產品。

　　課程以產品定義的方式對特殊教育而言尤具意義，因為這是一個留下教學證據的做法。由於特殊兒童個別差異大，需要針對其需求編制個別化的課程，所衍生出的教材與教具就是產品的層次。如果特教老師無法提供一些具體的資料，就很難掌握課程的發展與教學成效。

　　以「產品」導向來定義課程，能使課程與教學有具體與確定的方向，有利於課程的規劃及依據課程規劃的方向來發展相關的文書資料；但如果這些文書資料與教學脫節，又難脫「製造一堆環境垃圾」之譏。因此採此定義導向，應注重「產品」的「質」是否與教學實務密切相關，否則只是「量」的累積表象而已。況且課程與教學除了書面的資料外，還包括非書面的資料，因此如果全以「產品」為導向定義課程仍未臻完善。

2. 課程是計畫

　　第二種課程定義的焦點是放在學校所做的教學計畫上，包括學校所安排的必修與選修等科目。在學校的一些教學設施和情境，例如教室、運動場、圖書館、餐廳和校車等，都可能是學校安排學習和課程發生的地方。IEP 如以規劃學生課程的觀點來看，也可說是課程是計畫的觀點。

　　主張課程作為計畫者認為正規學校教育有四種交互系統：（1）教導；（2）學習；（3）教學；（4）課程系統。課程系統是界定為一種計畫，亦即認為課程是意圖或計畫，這種計畫可以是書面的、或存在腦海中的，將課程的成分（目標、內容、評鑑等）組織成為統一而連貫的整體。

　　以學校計畫為導向的課程定義，好處是課程的內涵較為具體，

同時也將學習的層面擴及學校內各個不同的場所。然而事實上，學習也會包括學校外的場所，所應學的內容也往往超出學校所預先規劃的，如果只把焦點集中在學校所規劃的教學活動，往往易造成本末倒置，而忽略了教學活動對學生學習過程和個別差異特質的影響。

3. 課程是有意圖的學習

第三種課程定義的導向，是以學生為中心做有目的的學習，亦即課程的內涵是首要考慮的要項。在這種情形之下，「為何而學」的思考模式反而不如「學到什麼」來得重要，因此課程包括了知識、技能、態度和學生應該在學校學到的行為。有意圖的學習通常會呈現於文書資料上，包括學習目標、原理原則、概念等，進而具體化於教案和教學活動中。

此種定義導向的優點是：（1）比「課程是產品」的定義更概念化，或更具明顯的觀念；（2）更具可管理的焦點。缺點則是將「如何學」和「學什麼」等有關學習的兩面截然劃分開來，無法兩者兼顧。

4. 課程是學習者的經驗

這個定義強調的是課程發展與計畫應早於教與學情境，也就是說，課程是教學情境所做的計畫結果。此一理念植基於學習者的經驗，安排給學生的學習經驗不見得一定會發生，而很多學習實際上是非預期的。也就是說，課程取決於學生他自己學到些什麼，而不是老師教了他些什麼。這種定義是把重點從教材轉向個人。

此一定義的優點是把焦點放在學習和學習者身上，而非教學者身上，同時也含括了計畫中和未計畫到的學習經驗。缺點是比

起其他的定義，此一定義導向較為抽象和複雜，同時也把學校的課程範圍拉得太大，並把學生的個人經驗都含括進來，以致對課程的研究無從下手，因此也難以用三言兩語定義清楚。

各種課程定義各有其特點，也都有其限制，教師在擬定課程時，應該去探索各種課程面向，化解之間的衝突點，或以「規劃的課程」，或以「學習者的課程」為思考方向。施良方（1997）指出教學者要了解各種課程定義所要解決的問題以及伴隨的新問題，以便根據課程實踐的要求，做出明智的決策。一個認真的教師在為學生編制課程時，應用課程定義的四個面向去思考。

二、特殊教育之課程類型

特殊教育課程依據目的與障礙類別不同而有各種類型，鈕文英（2003）指出，啟智教育課程可分為發展性、功能性和生態課程。洪清一（2019）認為特殊需求學生的課程模式包括社區一本位課程、發展性課程、發展—認知課程、行為模式、功能性課程、生活技能課程與自然課程模式等七類。盧台華（2016）則認為以身心發展特質劃分，智能障礙課程可分為發展性、功能性與充實性等三類。整合各家理論，將特殊教育課程分為下列四種類型：

(一) 發展性課程

發展性課程是根據生理年齡與心理年齡發展一致、身心正常發展的一般學生所設計的課程，也就是普通教育的課程（盧台

華，2016）。輕度或臨界智能障礙學生雖可能在認知方面表現較差，但仍可藉由教學策略或課程調整方式，學習普通班課程的全部或部分內容。發展性課程應用的例子，如：有些特教班教師會拿普通班的課本為輕度或臨界智能障礙學生上課，上課的內容可能擷取課本部分或略加調整。有時特教老師也會拿小學低年級課本或幼兒園繪本來上課，這些皆屬於發展性課程的思維。

發展性課程也許適合輕度或年幼的智能障礙者，但不適合年齡較長的智能障礙者，因為它強調依照發展序階來設計課程目標，未考慮學生的生理年齡，對年長者來說，可能會擴大其與一般人之差異（鈕文英，2003）。

(二) 功能性課程

功能性課程是為某一領域心理發展比生理發展慢很多的學生所設計的課程，也就是一般所謂的實用性或生活技能課程（盧台華，2016）。由於生理年齡的發展需求與心理年齡的能力表現出現較大的差距，此種課程強調學生必須具備生活功能，以便能適應目前環境並未來出社會。因此而設計的課程，對中重度智能障礙學生可能較為適用。功能性課程強調要教導學生生活環境用得到的讀、寫、算等學業技能，以利他們日常生活，也強調要教導日常生活所需之社會技巧、生活管理與職業教育等實用課程，俾學生能在目前與未來生活與適應。生活核心課程的設計即有此種思維。

功能性課程可朝「生活化」原則來設計，例如為智能障礙國中學生的數學設計功能性課程時，可針對學生生活環境來安排相關的數學活動，包括：

1. 能依指示在排隊時排在第三的位置。

2. 在學校的行事曆中辨認校外教學的日期。

3. 比較校內十種以上形式接近辦公室的東西，以備將來就業對辦公室之了解。

4. 能說出紙鈔面額，並與餐點單之餐點配對來做選餐。

5. 在商店中用計算機算出要買的貨品價格之加總。

6. 在工作場合中使用時間轉換卡以表示休息時間的結束。

(三) 生態性課程

　　生態性課程結合功能性課程的特點，透過分析學生在家庭、學校與社區的現有能力與未來需具備能力，發展出個別化的課程。此類課程強調家長、教師與學生共同參與整個選擇課程目標和內容的過程，並結合社區資源，發展以學生為中心的個別化課程。其課程目標和內容是透過生態評量或環境分析的方式，以工作分析得出完成此活動必要的技能，作為編制課程的依據。通常此類課程較為適合中重度或多重障礙學生。

(四) 充實性課程

　　充實性課程原本是給資賦優異學生的設計，包括加深與加廣的課程。在身心障礙學生中，也有某一領域心理發展比生理發展快很多的特殊學生，例如有些雙重殊異學生則有此課程需求。有些自閉症學生在繪畫或音樂領域上有潛能或傑出表現，此時需要針對其優勢領域提供充實性課程；多重障礙的孩子也可能有音樂的天賦，校方或家長即可針對其才藝部分提供加深加廣之充實課程。因此對於雙重殊異學生，其適性教育的設計仍不可忽視，充實性課程即為其所需。

第二節　特殊教育教學

教學的有效性可從幾個 W 來考量，包括：教什麼內容（what）？教誰與誰來教（whom/who）？如何教（how）？何時教（when）？也就是說，什麼時間點最有效？如何表示學習者學會了？特殊教育之教學亦同樣可從這幾個角度思考，以提供給特殊學生適性教學內容。

有效的特殊教育教學成分包含教學三個階段的內容：（1）教學前：進行教學前評量、擬定個別化教育計畫（IEP）、發展課程或視需要調整課程、計畫課程運作的模式；（2）教學中：營造正向學習氣氛與執行有效的教學計畫或教案；（3）教學後：評量特殊學生的學習成效。

一般來說，針對特殊學生進行的教學策略與做法，比教什麼來得更受關切（于曉平、張靖卿，2010）。為使特殊學生的學習效果達到要求，不但要針對其障礙類別的特徵，同時也要針對其優勢能力予以設計，這樣的教學才可能達到效果。

第三節　特殊教育課程與教學關係

所有經鑑定確認的特殊學生都會有一份法定的書面個別化教育計畫（IEP），此份 IEP 即為學生的濃縮版學習計畫（Polloway, Patton, Serna, & Bailey, 2018）。特殊學生課程與教學的重點即應以 IEP 為準則，方能達到符合學生特殊需求的目的。

教學是將課程付諸實施的一種活動。課程和教學有相互依賴

的關係，教學受課程的指引，課程也會受教學的連動，例如：師生互動、教學策略使用、教材教法、教學情境和班級經營等影響。課程與教學的關係可以有不同模式，而特殊教育的課程與教學設計必須考量學生的特殊教育需求，因此根據特殊學生的特殊教育需求所擬定之個別化教育計畫（IEP）就是課程與教學的核心，此三者關係如圖 1-1 所示。

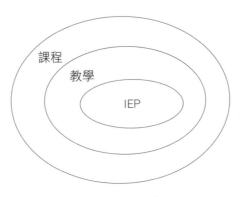

圖 1-1　課程、教學和 IEP 之關係圖

PART **1**

特殊教育課程
理論與發展

Chapter 2

特殊教育課程基礎

　　常見到課程設計者會把重心放在課程編制的過程，認為理論基礎與實踐沒有直接的相關，因此忽視課程設計的理論基礎。特殊教育課程涵蓋哲學、心理學、社會學和醫學等理論基礎，哲學是學校課程觀最根本的基礎，心理學提供了學生心理發展的順序、學習動機、認知策略、興趣和態度等方面的研究成果，社會學提供社會發展、政治經濟變革、意識形態及權利變更等方面的思想，醫學之病源學是造成殘障的理論根據，其與神經中樞系統的缺陷、生物學、遺傳學皆有密切的關係。這些領域理論可以提供全面性與關鍵性的反省與思考，因此唯有對課程的基礎有較全面的了解，才可能擬出明智的課程、編制與選擇教學。本章闡述特殊教育課程的理論基礎，包括哲學、心理學、社會學與醫學。

第一節　哲學

　　自古希臘哲學家柏拉圖（Plato, 427-347 B.C.）和亞里斯多德（Aristotle, 384-322 B.C.）以來，課程理論歷經人道主義、實用

主義、邏輯實用主義、批判理論等近代哲學流派，透露了所有的
課程都與哲學觀存有關聯，因為哲學提供知識來源、認識過程、
知識類別、價值取向等觀念（施良方，1997）。教育哲學內容
眾多，本節從中西結合教育哲學思想發展的歷史思潮，著重探討
特殊教育的教育目標、價值以及特殊教育思想形成與發展的內在
規律和發展趨勢。

一、西方特殊教育思潮

(一) 柏拉圖之特教觀

　　古希臘時期思想家柏拉圖首開教育之觀點，從教育的角度來
看，柏拉圖的《理想國》率先提出一個比較完整的、創造理想世
界的教育藍圖。他認為，由國家興辦教育是培養人才、改造國民
和創建理想國的必經之路（雷江華、方俊明，2011）。這種理
想國的境界與東方儒家思想的「大同世界」有相似的意義。然而
柏拉圖在與學生對話中，卻曾顯示出對盲人、聾人的輕視，且其
在《理想國》中曾提出摒棄特殊兒童的言論。

(二) 亞里斯多德之特教觀

　　柏拉圖的學生亞里斯多德在其著作《政治學和倫理學》中，
揭示「教育是全城邦共同的責任，而非私人事情」，主張透過
立法來確保城邦對下一代的養育與教育。與柏拉圖相同，亞里
斯多德也認為教育是國家之事，但是亞里斯多德在《動物論》
中提及聽覺障礙者是「無感覺與無推理能力」與「如同森林裡
的動物是不可教育者」（McGann, 1888）。他認為說話能力是
人類本能，而非學習而得，因此天生聾人必定是啞巴（Winzer,

1993）。亞氏對聽障者發音與智力的消極看法，影響後世將近兩千年之久，可謂影響深遠。

(三) 基督教之特教觀

中世紀基督教興起，其思想對特殊兒童充滿兩極性。一方面加以迫害，例如在羅馬時代，對那些智力障礙者，不但沒有養育，甚至將之棄置深山，任其餓死；另一方面則開始透過教會力量給予救濟，使特殊兒童獲得教會的保護或憐憫。基督教認為小孩是上帝的創造物，要被基督所救贖（朱宗順，2011）。聖經中多有善待殘障者與耶穌治好殘障者的記載，或稱神蹟。此時期基督教成立修道院，除了修行之外，也收容與照顧殘障者，後來特殊教育之聽障教育的興起便與修道院有關。基督教之作為對特殊教育可謂影響深遠，見圖 2-1。

圖 2-1　　1760 年列士貝神父在巴黎成立世界第一所聾人學校

概括而言，特殊兒童在基督教興起之前，亦即古希臘、羅馬時代，是處於特殊教育發展的第一時期，即**摒棄時期**。特殊兒童常遭受忽視或拋棄，甚至不人道的待遇。這些遭遇與當時柏拉圖以及亞里斯多德的特教觀思潮應有些關係。在基督教興盛時期，特殊教育進入第二時期，即**漠視時期**。此時特殊兒童仍為被漠視的一群，並未受到關注，但由於受到基督教精神——神愛世人的影響，修道院也開始收容身心障礙者。在 18、19 世紀，養護機構及特殊學校興起，對特殊兒童提供隔離的教養，此為第三時期之**救濟時期**。及至 20 世紀中葉以後，特殊兒童接受教育的觀念逐漸被人們所接受，即進入第四時期之**教育時期**，特殊學生始得進入學校接受特殊教育。

二、東方特殊教育思潮

(一) 儒學思想之特教觀

由於歷史與地理因素，在文教上，台灣與中國密不可分，思潮亦受其影響。自古以來，台灣社會深受儒家思想之影響，在特殊教育方面亦同。禮運大同篇中提及「鰥寡孤獨廢疾者皆有所養」，顯示在理想的大同世界裡，殘障者之養育是政府的責任。孔子（551- 479 B.C.）在《論語》中亦提出「有教無類」，傳達不論貧富、貴賤與智愚皆有教育的機會，等同為特殊兒童下了一個平等的教育觀念。孔子亦提出「因材施教」，隱含特殊兒童個別化教育的需求，《中庸》亦提出「勤能補拙」觀點，這些思想可說奠定了中國特殊教育的教育理論基礎。然而，儒家思想注重家族的價值，亦有所謂「面子文化」，光宗耀祖是一個重要的個人奮鬥目標。家族中若出現特殊兒童，通常會被視為「沒面

子」，因此可能隱匿不讓外人知，特殊兒童也因而失去受教育的機會，反而阻礙特殊教育的發展。

(二) 墨、道與法家思想之特教觀

先秦諸子百家，除了儒家思想最為影響社會大眾外，墨家、道家與法家之思想對特殊教育亦有其意義。古代中國諸子百家中，真正關心殘障者和特殊教育的是墨家（方俊明，2011）。墨家提倡的「兼愛」是沒有階級的，較符合特殊教育的核心價值；儒家所提的「仁愛」乃是尊卑、上下與親疏之分；道家崇尚「無為」，其言論雖很少直接論及殘障者與特殊兒童，但其思想倡導「師法自然」，有特殊教育強調「適性」教育的內涵；法家的主要思想是透過「以法為教」與「以吏為師」來執行政策與管理人民，甚至在歷史上發生過「焚書坑儒」事件。特殊教育僅透過理念與理想仍不足以化為行動，需要透過法令與行政機關來推動才可行，法家思想對於特殊教育相關法令與行政主管機關的催生有其意義存在。

(三) 佛教思想之特教觀

佛教自兩漢時期傳入中國，其思想逐漸融入中國社會，屬於中國文化的一部分，也影響著大部分人的生活。佛教思想對殘障人士與特殊兒童的看法有其影響力，台灣社會亦深受其影響。佛教對特殊教育正面的影響是其「慈悲為懷」的思想，促使人們關心他人疾苦，連帶對殘障者表達出同情與照顧；但佛教也講前世與今生的「善惡報應」因果輪迴觀念，即指身心障礙孩子的出生隱含前世做了壞事的報應，此乃咎由自取，這種觀念對特殊教育的發展則相當不利。

　　台灣深受中華文化影響，綜觀古代先哲思想，雖有正面之特教觀，但在漫長的歷史發展過程中，社會普遍對殘障者仍屬於「養而不教」，消極作為的同情憐憫多於積極教育的支持行動。然而不可否認，植基於中國古代在特殊教育領域的思想，包括儒家的有教無類與因材施教、墨家的兼愛天下、道家的師法自然、法家的以法為教以及佛教的慈悲為懷等觀念，均與特殊教育理念不謀而合，而台灣地理位置有利於吸收西方文化，因此當西方的特殊教育引進時比較容易接軌，接受新近特殊教育思潮的速度與時俱進。

第二節　心理學

　　心理學提供了學生心理發展的順序、學習動機、認知策略、興趣和態度等方面的研究成果（施良方，1997）。在教育領域，教育心理學提供教學所需的知識技能，並檢測個人教學信念，使其有成為專業老師的可能；心理學對特殊教育課程發展的影響亦有其意義。心理學派別與思潮眾多，本節僅針對與特殊教育課程與教學較有關者選取四種派別，包括行為主義、認知主義、人本主義與正向心理學，闡述其內涵及其對特殊教育課程與教學理論基礎之影響。

一、行為主義

　　行為主義（Behaviorism）可說是二十世紀上半葉影響學校課程最大的心理學派，行為主義關注點是「怎麼教」，不是「教

什麼」；關心 S（刺激）→ R（反應）的連結，嘗試支配 S─R 關係。此一派別也是早期最為影響特殊教育課程設計的心理學派之一，諸如「行為改變技術」、「增強策略」、「行為目標」、「工作分析」與「編序教學法」等深深影響特殊教育的課程與教學設計，尤其是智能障礙課程的設計。行為主義的基本假設是：複雜行為是由簡單行為累積而成的，因此任何複雜的課程內容皆可分析成細小的單位，明確一單位的基本目標，然後按照邏輯順序加以排列，運用強化的手段，使學生一步一步地掌握整個教學內容（施良方，1997）。對於相當需要成就感的特殊學生而言，此原理尤其有用，特別是在編制基本技能的訓練課程方面。

數十年來，應用行為分析（Applied Behavior Analysis，簡稱 ABA）一直作為介入泛自閉症學生的重要選擇（Lovaas, 1987; McGee, Almeida, Sulzer-Azaroff, & Feldman, 1992; Pierce & Schreibman, 1995; Weiss, 2005），衍生出核心反應訓練和隨機教學法等，應用廣泛。ABA 即是以行為主義的原則為基礎（Leach, 2010）。直接教學法與工作分析法則是常應用於智能障礙與低成就學生之教學法，其理論基礎亦來自行為學派。

由於特殊學生之間個別差異大，行為主義的學習歷程原理與衍生出的課程未必人人適用，因此其他學派的心理學理論也提供了特殊教育課程理論的基礎。

二、認知主義

認知心理學的基本假設是：學生的行為是建立在認知的基礎上，其關注的是學生的思維過程、思維方式與學生腦中認知結構的重建與重組。認知主義（Cognitivism）與行為主義的不同在

於，認知心理學關注的不是學生學會對某種刺激做出某種反應，而是學生腦中認知結構的重建或重組。因此，認知心理學家感興趣的不是行為發生的頻率，而是學生的思維過程和思維方式。

此學派尤其重視認知的內容，關心人是如何累積知識、發展出學習者的概念、資訊如何被獲得／組織／回憶／修改／分析／應用、學習者如何了解／評估／控制自己的認知活動。因此在設計課程時，要特別重視學生的認知能力。皮亞傑（Piaget）的認知發展階段論提供了相當重要的研究結果，應用在智能障礙教育上，可以推算智能不足兒童的心理年齡，以作為課程設計的參考。維高斯基（Vygotsky）的社會建構理論則提供鷹架課程、認知策略與記憶術等特殊教育課程的發展。

從認知心理學的角度設計課程，有助於了解學生起點行為及充實課程的內涵，但把認知學習視同於學校教育的觀點，則失之偏頗，因為學校應該使學生各方面都得到發展。在 20 世紀，遂興起了人本主義。

三、人本主義

人本主義（Humanism）強調的是學生學習的起因，如果課程對學生沒有意義，學習就不可能發生。因此課程是滿足學生的個性整合，課程的重點不是教材，而是學生個體，亦即課程內容必須與學生產生關聯，才有意義。著眼於此，特殊教育的課程設計強調以學生為中心，如「生活化」、「功能性」、「社會適應」及「生涯課程」等，此些編擬方向可說是人本學派的實踐。

人本主義關心人的個體性與獨特性，關心人的情緒與動機發展，而非以一般的原則去解釋人類行為。人本主義反對把人看作

是動物化、物理的、化學的客體的行為主義學派，也就是說，如果課程對學生無意義，學習就不可能發生，因此應針對學生的需求來設計課程，這樣的課程才有意義。此一學派衍生的特殊教育課程包括學習風格取向教學法、合作學習、開放式教育與交互教學法等。

案例 2-1　紙飛機飛越教室

　　方老師是六年級社會科的老師，小瑞是一位過動學生，經常表現出違規行為。今天在上課時，當方老師一轉身，小瑞就摺了一架紙飛機飛越教室，頓時，整個班級興奮極了，秩序也亂了起來。

問題與反思

1. 如果你是方老師，當時的感覺會是如何？
2. 你覺得方老師要如何處理才符合心理學理論？
3. 這個案例帶給你什麼樣的反思？

四、正向心理學

　　正向心理學（Positive Psychology）強調正面思考或積極思考。正向心理指遇到挑戰或挫折時，人們會產生解決問題的企圖心，並不斷練習改變思路，強化正向力量以迎接挑戰——使你痛苦的不是事件，而是你自己的判斷或思想。例如：幸福感與感恩的心都屬於正向心理學的內容。近年提倡的友善校園、賦權（empowerment）、自我決策、正向行為支持與優點大爆炸等，都屬於正向心理學的範疇。

案例 2-2　不會畫圖的小偉

　　小偉在圖畫課之後交了一張空白的紙。老師很驚訝地說：「啊！怎麼是空白的紙呢？」

　　小偉說：「我就是不會畫圖呀！」老師笑著說：「你就畫個幾筆，看它到最後會變成什麼？」小偉抓起一枝筆，用力在紙上點了幾下。

　　老師看了看，輕輕地將紙推到小偉的面前說：「請簽名。」

　　後來老師將那幅畫掛在教室後面的公佈欄，與其他小朋友的作品掛在一起。

問題與反思

1. 你認為小偉的老師的做法是屬於心理學哪個學派？他使用了什麼教學方式來建立孩子的自信心？
2. 這個案例帶給你什麼樣的反思？

解析

　　這個案例很能展現正向心理學的精神，案例中老師用正面積極的角度來欣賞小偉，運用了創造力和幽默感來讓小偉感覺被欣賞、被肯定、增進其自信心，進而願意去嘗試。不是站在比較的觀點，而是用正面的態度去激發每位學生內在的潛能與能力。這個案例讓我們看見，用正向思考方式去看待孩子的表現是相當重要的。

第三節 社會學

社會學提供社會發展、政治經濟變革、意識形態及權利變更等方面的思想（施良方，1997），課程的設計是受到社會各種因素的影響。特殊兒童屬於社會的弱勢團體，Barton（1993）認為，殘障本身就是一種「受壓迫」的形式，無論在身體上或社會的大環境中皆反應出如此受限制之特質。以下就社會學的功能論與衝突論兩大學派以及障礙社會學觀點提出探討。

一、功能論

以功能論（Fuctionalism）來探討殘障，會發現特殊兒童是一個社會問題，他們的殘障形成社會的負擔與群體的不協調，因此在課程設計時，強調從解決社會問題著手。是故如何透過課程與教學使這些特殊兒童能獨立，就成為特殊教育教學設計的使命。

法國社會學家涂爾幹（E. Durkheim）認為，個體透過社會化過程學會為群體、而不是為自己發揮作用。這對所有人都有利，因為只有當群體發揮良好作用時，才會對個體有益。而要形成這樣的社會，需要有集體意識。集體意識是指社會成員共享的觀念、情操，是價值觀念的組合。只有在社會成員之間存在高度同質性時，社會才有可能生存下去。因此教育目的「在於使年輕一代系統地社會化」，「使出生時不適應社會生活的個體我成為嶄新的社會我」。具體說來，就是要加強個體之間的社會凝聚力。學校課程必須使學生適應他們必定要生活在其中的社會環境。

二、衝突論

以衝突論（Conflict Theory）來探討特殊教育，會發現衝突點存在於家長與特教老師之間、特教老師與普通班教師之間，引發課程衝突的思考面為「課程設計到底是要適應個別需求，還是要培養具有社會競爭力」，也因此凸顯了個別化教育計畫會議的必要性及團隊合作的課程設計模式。

社會價值觀與社會利益亦深深影響特殊教育的教學設計。特殊教育的高職課程強調職業訓練，而社交技巧的訓練亦被視為不可缺的特教教學主要領域，這些即著眼於社會的實用性。也就是說，學校的課程是要使學生社會化，建立自己的社會角色，使能夠立足於社會。

衝突論認為，自古以來，衝突論狀態支配著人群生活，社會的生命就是一連串衝突的循環。代表人物韋伯（M. Weber）認為社會結構是人為的，是可以而且應該被改變的。社會本身就是由特定階級為了保持對從屬階級的控制而建構的，每個群體都試圖維持或提高各自的社會地位，所以各群體之間的目標是相互矛盾的。各群體之間連續不斷的權力鬥爭，導致了一個始終變化的社會。

三、障礙社會學

早期對障礙的理解多從醫療思維出發，障礙被視為個人不幸，需被處理的是身體損傷。直至 1970 年左右發展出社會模式觀點的障礙，亦逐漸形成「障礙社會學」（Sociology of Disability），挑戰醫療模式，重新定義障礙。其主張障礙是

社會結構所造成，如果能改變「障礙的」社會條件，障礙者就能和一般人一樣在職場上競爭，融入社會（詹穆彥、張恆豪，2018）。

英國學者 Tomlinson 於 1982 年出版《特殊教育社會學》（*A Sociology of Special Education*）一書，Oliver 於 1988 年出版 *The Politics of Special Educational Needs*，以社會學的觀點來審視障礙者與特殊教育。Oliver 主張特殊教育的發展有四種解釋面向，包括人道主義觀點、社會投資功能論、衝突論、既得利益與社會控制等觀點。

從社會學的角度來看障礙者在台灣歷史的發展，身心障礙者的職業型態是與社會結構息息相關的。在 1891 年清朝時代，英國牧師甘為霖（William Campbell）於台南創辦訓瞽堂時，試圖以英國模式教育盲人，當時台灣社會尚未因工業化或都市化而產生遽變，大多數的盲人仍依照傳統生活方式謀生。甘為霖於 1871 年來到台灣，當時台灣的盲人有的做生意、從事小買賣，有的做踏水車、搗米等苦力工作，有的靠走唱、算命、乞食維生（Campbell, 1915/1996），在此狀況下，訓瞽堂招收不到十個盲生（邱大昕，2012）。漁船機械化之前，視障者可以和其他人一同出海工作。漁船機械化以後，一艘船只需要少數明眼人操作機械即可，許多視障者的工作開始因生產機械化與社會現代化而消失（邱大昕，2009）。然而，當越來越多學生被納入教育體制之後，無法適應普通教育的學生也會被送到特殊學校或班級，以讓主流教育能夠順暢進行（張恆豪，2007）。

身心障礙學生的汙名化與標籤化常為人所詬病，透過障礙社會學的審視，特殊學生的定義即可由社會學角度出發，而成為「特殊需求」學生，早在 1981 年的英國障礙法案就如此施行。

目前也有不少國家以學生的需求出發，再依社會所給的支援多寡來定義特殊學生的輕度或重度，亦即給予的支援越多，表示其障礙程度越重；給予的支援越少，則障礙程度越輕。

案例 2-3　殘障體驗活動

又到了特教宣導的季節，周老師是學校負責承辦的老師，他想是不是要像去年一樣，設計坐輪椅、瞎子摸象等殘障體驗活動？還是有更好的活動可以讓普通學生更接納特殊學生？有人稱大多數學校的障礙體驗設計是失真與片面，缺乏社會模式觀點，你認為呢？

問題與反思

1. 有人說：「障礙體驗讓參與者體驗了不便、困難，但是卻忽略了環境、社會因素所造成的障礙。障礙並非因為個人的損傷而導致不幸，從障礙研究的社會模式觀點看來，環境和社會才是造成障礙的主因。而這樣的概念在障礙體驗中卻難以呈現，只將障礙看作是個人的問題。」你贊同此說法嗎？理由為何？

2. 這個案例帶給你什麼樣的反思？

第四節　醫學

以病源學而言，之所以造成殘障，與神經中樞系統的缺陷、生物學、遺傳學等皆有密切的關係，因此特殊教育之教學設計亦

須考量醫學的介入，醫學的診斷應先於教育的治療。通常融合了醫學的課程設計有感官知覺訓練課程、物理治療、職能治療及語言治療，這些課程的設計對重度及多重障礙兒童較為需要。

　　主張醫學模式的學者認為，特殊兒童的學習困難乃源自於其生理疾病或機體缺陷。就病源學而言，神經學上的功能失常、生物學上的錯亂和遺傳學上的因素都可能是殘障的主因。所以特殊教育應與醫學密切配合，多多徵詢醫療單位的意見，尋求醫療人員的協助與支持。

　　並非所有學習困難都源自於生物學病因，許多環境因素也可能造成兒童學習上的困難，因此教師不宜將學生的學習困難都歸諸於生物學病因，而忽略了教育的責任。更何況大多數特殊兒童並不需要長期的醫療服務，因此依據醫學模式所發展出來的方法並不一定能有效達成教育目標。

　　通常醫學診斷應先於教育介入，安置前先實施澈底的生理、生物和神經學上的診斷。大腦病理檢查對病況的了解和治療尤其有其積極的意義，發現病因有助於醫學治療和教育治療的實施。

　　在科技與醫療業、醫療專業化及醫療相關市場的相互推動與資訊普及化的趨勢下，醫療化現象的範圍越來越擴大，從許多社會問題的界定與處理，到特殊教育的資格鑑定、安置建議、醫療人員參與縣市特殊教育諮委會、特教專業團隊巡迴輔導等，醫療人員的角色從疾病診斷與治療，擴大到對身心障礙學生的教育政策參與（張如杏、林幸台，2009）。

　　醫學在特殊教育課程的意義與應用例如：感官訓練和知覺組織方面的增進以及復健醫學等，更與醫學有關，在教育安置和治療之前，應先做好醫學診斷和神經學評估的工作。

總結與反思

　　特殊教育課程與教學設計的理論基礎包括了前述哲學、心理學、社會學與醫學的內容，教學設計者總是或多或少受到這些學派觀念的影響與支配。教師在設計課程時，應對課程及教學設計的基礎理論有所了解，特殊教育課程與教學的實踐才會具有方向感，而落實於教學內容中。

Chapter 3

特殊教育課綱與課程發展

　　我國特殊教育課程的發展，主要依據普通教育課程綱要或特殊教育課程綱要。課程綱要有其核心目標，且隨著社會脈動而不同。特殊教育課程歷經數次演變，特殊教育課程綱要從無到有、從舊到新，與普通教育課程分分合合，也經歷多次變革。每一次大修或微調都有其演變的背景與特色，但也造成特殊教育課程編制、教學內容與個別化教育計畫（IEP）等教學現場不少的衝擊與改變。課程綱要在特殊教育課程發展居於關鍵地位，本章將說明其於不同年代之起源、特色與課程的變化，及其對教學現場的影響，分為無課綱、舊課綱與新課綱等三時期與特教課程評析。

第一節　無課綱年代特教課程

　　1891 年英國牧師甘為霖在台南教堂設立訓瞽堂教育盲人，台灣正式進入特殊教育發展的年代。然而在特殊教育法未通過前，台灣的特殊教育並未受到重視，也無專為特殊學生制訂課程綱要，茲以此時期之課程特色與教學現場狀況案例評析如下：

一、特色：編譯為主

在啟智教育方面，1968 年第一所啟智班成立於台北市中山國小，之後各縣市亦陸陸續續成立啟智班（現稱特教班）。面對無特教課綱之指引來編制課程，啟智班的教師必須自編教材與課程，對當時的特教教師而言是極大的挑戰。有鑑於此，當時主管特教業務之教育部社教司開始研擬特教課綱，1975 年頒布《啟智學校（班）試行課程綱要》，其後於 1988 年頒布《啟智學校（班）課程綱要》，以學科導向為主，除規定國語、數學、音樂、美勞、體育、英語、童軍教育、職業教育與輔導活動等與普通班相同的科目外，亦包括生活教育、知覺動作等廣域課程。然而當時因為無法令與特教評鑑配合實施，成效不顯著，多數教師並不認識 1988 年版之部編課程綱要。

同一時期，學術機構因啟智師資訓練之需要，開始編譯課程綱要與教材。1969 年，智能不足師訓班於臺北師專（現為國立臺北教育大學）成立，當時負責全國智能不足兒童師資訓練班的劉鴻香及陸莉教授在翻譯國外特教課程教材時，也帶領師訓班工作團隊編訂課程綱要草案並進行課程實驗。這些課程綱要及翻譯教材除供師訓班使用外，亦供啟智班教師使用，例如：《可訓練的智能不足兒童教育實驗課程綱要》、《智能不足兒童數學科教材綱要》、《國民小學啟智班生活核心課程教材綱要》等。1985 年，時任彰化教育學院（現為彰化師大）特教系之林寶貴教授亦翻譯《可教育性智能不足者的課程綱要》，1991 年南投縣雲林國小楊元享老師亦出版《國民小學啟智班回歸課程綱要》等，以幫助教師編擬教學計畫或編擬 IEP 之用。

其他障礙類別方面，聽覺障礙、視覺障礙、肢體障礙類在教

育早期並無專用的統編課程與教材，完全使用為普通學生所編印的部頒課程與教材，再加上依據其障別編制特殊需求課程，例如：聽障類的溝通訓練課程，視障類的點字、定向行動課程，肢障類的復健課程等。之後林寶貴教授翻譯與改編了不少早期啟聰教學及研究用的課程及教材，73 學年度起，教育部委託林寶貴教授等專家學者，編印啟聰學校（班）國小、國中部的國語（文）、數學、養護訓練、唱遊、音樂、健康教育等六科目的統編教材，此為台灣最早編印之本土化特教教材。

二、教學現場：特教課程多元紛亂

由於這段時間尚未有針對特定障別編制之特教課程綱要，因此特教課程的編制主要依據教師專業或偏好來選用。陳絲綷（1992）指出「我的教學內容首先是以生活教育與感覺統合訓練為主，認知科目包括國語、數學兩類。總之，教材、教法沒有一定的規格，全憑教師針對事實上的需要去編演」。

由於當時啟智班未普設，在無特教課綱指引下，特教課程偏向非認知課程的美勞或音樂、體育等，以及當時頗為流行的感覺統合課程，有時則拿幼稚園教材或小學中低年級教材上課。當時一些學校為了解決不適任教師在普通班的教學問題，也有將其調任啟智班的情形，這些現象及至特殊教育法頒布實施、特殊教育評鑑有了法源依據之後，才慢慢改善。

案例 3-1　為了中華民國成立啟智班

　　民國七〇年代初期，各縣市國小啟智班仍優先設立於較大的城鎮。當時宜蘭縣壯圍鄉的公館國小，就地理位置及學校規模可算是尚未達到成立啟智班的標準；但經林校長焰瀧極力爭取下設立了。其中一個理由是為了「中華」「民國」。該校學區有一位退伍老兵生了兩個男孩，分別命名為「中華」及「民國」。老兵每天忙於工作餬口，太太因弱智無法持家照顧小孩，讓「中華」及「民國」兩兄弟常在外遊蕩，甚至追逐鐵牛車，因此老兵就用鐵鍊將兩兄弟鎖在家裡，久而久之，等到兩兄弟入小學時，發音說話仍然有困難。具備美術及運動專長的林校長收容兩兄弟與其他十多位學習或行為有困難的學生，在晨光時間教導他們畫畫、打球等活動，該班當時戲稱「校長班」。林校長也為了學習如何個別輔導「中華」及「民國」等發音困難的小孩發音，曾特地親自到師訓班請教與找資料。而後，該校經林校長極力爭取，民國 73 年公館國小設立了啟智班，其中一個理由便是為了「中華」「民國」。

資料來源：周天賜教授提供之案例。

問題與反思

1. 所謂「校長班」的成立時期，可以歸納為特殊教育課綱發展的哪個階段？

2. 如果你是該校創班的啟智班老師，你設計的課程重點為何？你認為你的設計較偏向哪個時代課綱？

3. 這個案例帶給你哪些有關特教課程方面的反思？

第二節　舊課綱年代特教課程

　　台灣的特殊教育特教班、資源班以及特殊學校在 1990 年代陸續成立而漸普及。對特殊教育課程綱要的需求日殷，再加上特殊教育課程的專業性與特殊性日漸受到社會大眾認可，各專屬障礙類別的特殊教育課綱終於正式公布實施。

一、特色：生活核心與功能性

　　教育部社教司歷經 1975 年與 1988 年初訂與暫行啟智課程綱要的醞釀，終於在 2000 年正式頒布實施《特殊教育學校（班）國民教育階段智能障礙類課程綱要》（簡稱啟智類舊課綱）。此課程綱要之主要編輯群為台南啟智學校。其後此套課綱即成為啟智班（學校）排課、擬定教學計畫與編擬 IEP 之主要依據，主要以領域導向取代學科導向。教育部除公布課程綱要外，亦發行《啟智學校（班）課程綱要學習目標》及《啟智學校（班）課程綱要教學手冊》，以供教師編寫功能性課程內容與編擬 IEP 參考之用。

　　啟智類舊課綱課程領域共包含生活教育、社會適應、實用語文、實用數學、休閒教育與職業生活等六大領域，採取功能性與生活化為原則。國小與國中並無明顯劃分階段，上課時數則保持彈性，但是每一領域仍有至少與至多時數的限制。例如生活教育領域節數是隨著年級提升而逐漸減少，實用語文與實用數學等認知課程節數則隨著年級提升而增加。

　　其他障礙類別方面，啟聰、啟明、啟仁也分別擬定該類別課

程綱要，基本上這些障礙類別的認知科目仍以普通學生課程為主，再加上依據障別的特殊需求課程，包括啟聰類的溝通訓練領域課程，啟明類的點字、定向行動，啟仁類的復健課程等。所有障礙類別的課程綱要皆強調是以 IEP 為基礎的教學。

二、教學現場：窄化之課程與融合教育問題浮現

舊課綱正式頒布實施之後，特殊教育評鑑也有了依據，特殊教育的排課、教學與擬定 IEP 逐漸自成系統，與普通教育課程漸行漸遠。然而當融合教育思潮興起，舊課綱的問題即逐漸浮現。盧台華（1998）指出舊課綱無階段性課程的劃分更可能造成永遠在重複學習最簡單或最基礎的部分。李翠玲（2002）評鑑一百份啟智班 IEP，結果發現啟智班在國小與國中階段所執行課程的學習項目重疊性高，造成啟智班學生的課程內容有窄化與淺化的現象。

根據融合教育政策，即使是啟智班學生，也應儘量安排至普通班進行融合教育。但此時特教課程已與普通教育課程全面脫勾，造成特殊學生只能在藝能科目回歸；而有些學校則是安排全體或部分特殊生在藝能科回普通班上課，卻不論其學習能力與效果；或讓特殊學生每天上午在啟智班上課，下午全體學生回普通班上課，不管上課科目或內容是否重複，且均未加追蹤輔導（陳榮華，1984）。

2003 年起，國民小學一年級開始實施國民中小學九年一貫課程，以領域取代科目。普通教育與特殊教育課程以領域取代單科科目的理念漸趨一致，漸有特教課程回歸普通課程的呼籲興起。

案例 3-2　中秋節要上什麼？

　　余老師是一位普通學校特教班教師，班上有學生 12 人，包含各年級的智能障礙學生。她以生活核心為課程設計基礎，在開學後的九、十月份，配合中秋節，以「中秋節」為生活核心，在實用語文、實用數學等六大領域安排與中秋節有關的教學目標與內容。在「實用數學」的內容上，余老師想到去年是用「月餅」來教學生「數數」，效果還不錯。今年呢？中秋節除了吃月餅外，好像還有「柚子」。對了！那就用柚子來上數數好了。六年級的學生規定要安排回歸（融合），但對六年級中度智障的阿發來說，普通班的數學已經在上除法，要安排阿發到普通班回歸上數學課太難了。去年就曾經讓阿發回歸和融合到普通班上課，但是學習效果不好，今年還是讓他留在特教班一起上「實用數學」好了。

問題與反思

1. 啟智「六大領域」課程設計，可以歸納為特殊教育課程發展的哪個階段？
2. 請畫出以「中秋節」為生活核心的六大領域課程圖。
3. 這個案例帶給你哪些有關特教課程方面的反思（融合、課程窄化、淺化……）？

第三節　新課綱年代特教課程

在特殊教育領域所稱的新課綱，大致有兩個時期，前期為民國 100 年（2011 年）試行俗稱的 100 課綱，後期為民國 108 年（2019 年）公布施行俗稱的 108 課綱。以下為特教新課綱年代的特色與教學現場情形評析：

一、特色：以學習功能缺損能力分類與課程調整

新課綱時期的前段為 100 課綱，所指的課綱是 2008 年完成之《國民教育階段特殊教育課程發展共同原則及課程大綱總綱》、《高中教育階段特殊教育課程發展共同原則及課程大綱總綱》及《高職教育階段特殊教育課程發展共同原則及課程大綱總綱》，合稱為《高級中等以下學校特殊教育課程發展共同原則及課程大綱總綱》（教育部，2009a），後亦透過不斷地試行與實驗，進行調整、修訂及發展相關配套（盧台華，2011）。100 課綱於 2011 年試行，其內容跟過去所實施的特殊教育課綱差異甚大，各教育階段課綱均強調在設計特殊需求學生課程時應首要考量普通教育課程（教育部，2017）。所有身心障礙學生仍應盡量遵循所屬年級與科別的普通教育課程規畫，將特殊學生的學習能力分為認知功能輕微缺損與嚴重缺損群組，以簡化、減量、分解或替代等四大原則彈性調整九年一貫課程指標及普通高中職課程領域目標。在課程架構方面，強調特教與普教課程接軌，因此新課綱包含普通教育課程的語文、健康與體育、社會、藝術與人文、數學、自然與生活科技及綜合活動等七大領域外，還要視學

生需求加上特殊需求領域的生活管理、動作機能訓練、溝通訓練、學習策略、社會技巧等，此有別於舊課綱強調實用課程的六大領域課程。100 課綱要求資源班的抽離需採課程全部抽離為最高原則，與舊課綱抽離學生節數不能超過該科目二分之一為原則迥異。

108 課綱則是自《十二年國民基本教育課程綱要總綱》於 2014 年 11 月發布，各領綱陸續發布，並於 2019 年（民國 108 年）8 月正式上路，因此又稱為「108 課綱」。108 課綱以「核心素養」作為課程發展的主軸，以落實課綱的理念與目標，也兼顧各教育階段間的連貫以及各領域／科目間的統整。特殊教育領域不再另立課綱，而是以 108 課綱為本，課綱調整還涵蓋資賦優異部分。在身心障礙部分，則根據學習功能輕微缺損與嚴重缺損分類，以簡化、減量、分解、替代或重整等五大原則彈性調整十二年國教課綱的學習表現與學習內容。另有《十二年國民基本教育課程綱要身心障礙學生領域課程調整應用手冊》供調整指標參考。

108 課綱包含部定課程與校訂課程，部定課程含語文、數學、社會、自然科學、藝術、綜合活動、科技、健康與體育等八大領域，校訂課程則含彈性課程與團體課程。特殊需求領域課程含在彈性課程中，包括生活管理、社會技巧、學習策略、職業教育、溝通訓練、點字、定向行動、功能性動作訓練與輔助科技運用等九大領域。為了建立國小、國中與高中教育階段特殊教育課程實施的共同準則，以確保課程品質與學生的受教權、落實十二年國教的理念與目標，教育部於 2019 年公布施行《十二年國民基本教育特殊教育課程實施規範》，針對課程設計、教學實施與學校的支持做原則性宣示。《特殊教育課程實施規範》將十二年

國教的願景和價值化為具體的運作準則，讓每一個特殊學生都能獲得適性的教育，期許透過實施規範的推動，走向教育平權的美好時代。

二、教學現場：提高重障者學習機會但課程調整仍困難

新課綱的實施使特殊學生在學習上更廣泛及更多元，可以增加以往舊課綱時代不見得會對重度障礙學生安排的一些課程領域，如自然領域課程。而高年級國語、數學等內容，也因為新課綱的實施，要求安排於課表內，而使得特殊學生有了新的體驗與學習，尤其提高了重度障礙者學習的機會，擴展學習視野。然而不可否認，普教課程多偏重認知課程，限縮了原有功能性課程的時間（鍾筱平，2015）。謝佳男（2010）指出，很多輕度智能障礙學生的基本語文及數學能力，大概只停留在小學四、五年級的階段，他們在語文及數學方面的需求，應該是生活自理所需、實用性質的閱讀與處理資訊能力，而非文言文、代數和方程式。依據新課綱規定，資源班學生採取主要科目領域（如國語、數學）全抽的規定，在部分學校的教學現場仍有困難。蘇昱蓁（2013）即指出礙於學校特性與限制，仍有資源班級在排課上遇到困難，無法完全抽離。雖然新課綱指出可以用簡化、減量、分解、替代與重整等方式彈性調整課綱內容，但要轉化為學習功能嚴重缺損學生可學習的教材或活動仍有困難。

案例 3-3　新課綱之特教老師經驗談

一、資源班完全抽離

資源班王老師說：「我覺得新課綱對我們資源班來說是 OK，如果沒有全抽，學生回去更困擾，老師也很困擾。而且學生全在資源班上課，進度好掌控。但是現在語文與數學課程是每一課都上，壓力很大，趕課趕得很辛苦。」

二、課程調整

資源班張老師說：「我的學生小秉雖然現在是四年級，但是他的學科能力就是在一年級或是二年級，那要怎麼調？我可以去抓一、二年級的核心素養的內容去寫他為四年級的目標，但自己也很懷疑這種做法是否有效。」

特教班林老師說：「新課綱強調要用同年級課本，但即使有調整，對特教班識字及認知能力有限的中重度障礙學生來說，還是難以達到屬於其年級的目標。」

三、核心素養

資源班江老師說：「我比較擔心我們特教班與資源班的孩子，他們既是普通班、同時本身又有學習弱勢的問題，而新課綱後，現在的命題取向是要跟素養與生活連結，結果題目變得很長，單單看懂題目就很困難，可能造成更為拉開他們跟普通班的距離。」

> **問題與反思**
>
> 1. 國小（中）108 課綱包含哪些領域？哪些領域對於特教老師的專業較為困難？為什麼？
> 2. 以「國慶日」的語文領域主題對照十二年國民基本教育課程綱要，請挑出 1 至 3 個相對應的素養指標（學習表現或學習內容指標）。
> 3. 這個案例帶給你哪些有關特教課程方面的反思（是否真的可以達到融合與課程接軌目的）？

　　十二年國教課綱強調素養導向課程設計，衍生出評量亦要出素養題。素養題強調要與生活結合，以國語課為例，出題分三層次，即擷取與訊息、統整與解釋、省思與評鑑，理想雖佳，但造成考題過長，反而不利原本就有學習困難的特殊兒童——尤其是閱讀困難學生。十二年國民基本教育強調「成就每一個孩子——適性揚才、終身學習」的願景，開創特教新里程碑，但在特殊教育教學現場的影響因素仍多，值得再觀察。

第四節　不同年代課綱與特教課程評析

　　我國特殊教育的課程綱要演進歷程，從無到有，從舊到新，引領特殊教育課程與教學的改革與實施。特殊學生受教的課程從隨班就讀、放牛吃草的無課綱年代，到以功能性課程為主的舊課綱年代，再到強調透過課程調整回歸普通教育課綱的新課綱年代，這是回應社會脈動的多次課程改革結果（李翠玲，

2018）。綜觀特教課綱演進過程，歸納如圖 3-1。

圖 3-1　不同年代特教課綱演進圖

以下為台灣數十年來特教課綱發展要點與特教課程發展的總結與評析：

一、從多元紛亂到課程走向統一

課程綱要是編制課程依循的主要依據，捨棄「課程標準」、改採課程綱要形式，主要在促使課程與教學多元化，所以多元的教材樣貌應是自然現象（周淑卿，2013）。但是新課綱的實施是透過特教評鑑卻不論障別與障礙程度，課程走向統一，對於重度與多重障礙者來說，即使予以調整，也是相當大的挑戰，需投入更多研究與實務，以找出因應之道。

二、從普通教育課程出走再回歸

在特殊教育尚未普及與專業化之前，特殊學生在國民教育主流課程中是被忽略的一群，直到特殊教育受到重視後，為特殊教

育制訂專屬之課綱（舊課綱），特殊教育課程便與普通教育分流。王振德（2002）稱國民教育的發展與特殊教育的發展處在比較對立的狀態，但從教改的觀點來看，特殊教育是普通教育的一部分，因此新課綱的規劃與實施便是再整合回歸於普通教育課程之中。

三、既要滿足特殊需求又要與普教課程接軌之兩難

IEP 強調特殊學生的個別需求必須予以滿足，而新課綱的頒布施行則與 IEP 具連動關係。IEP 是特殊學生教學與介入的基礎（Bruns & Thompson, 2014）。然而既強調需符合學生個別需求、又規定要與普通課程接軌，此則充滿著矛盾，仍有待磨合，以找出出路。

四、由各障礙類別課綱到以學習功能為依據調整課綱課程

在舊課綱年代，特殊教育課程綱要包含啟智類、啟聰類、啟明類與啟仁類。由於新課綱是以學生學習功能為分類依據，再以一般學生的課綱標準視需要予以課程調整，從此不再依據障礙類別制訂課程綱要。

五、特教班（學校）從六大領域備課擴增為八大領域加一之負擔

在舊課綱年代，國民中小學階段特教班（學校）排課與教師

備課主要是以功能性導向的六大領域為範圍，新課綱則規定特教班各學習領域必須涵蓋普通教育八大領域，並視學生需要增加特殊需求領域，特需領域又包含有九大領域。因此特教班與特殊學校教師備課內容由六大增加到八大領域和特需領域，負擔相當沉重，壓力也不小。

Chapter 4

融合教育與課程調整

案例 4-1　彼得的成長

　　彼得是一位唐氏症男孩，伴隨情緒行為障礙。他原本在特殊學校上課，但是由於融合教育的政策，轉安置在普通小學三年級的普通班。從來沒有教過特殊學生的班導師有點擔心，但是她知道這是政策與法令規定，她必須接受這一項挑戰。

　　開學後彼得入班，同班同學看到彼得跟他們長得不一樣，覺得彼得的外表怪怪的。彼得上課常發出怪聲，同學覺得很奇怪，有的同學甚至反應為何要跟他一起上課，因為他功課也跟不上。上課時，彼得常在自己位子上玩椅子、弄出聲音干擾上課，或躺在地上。他對新事物都很好奇，到處摸摸，無視上課秩序。之後，跟同班同學在一起時，有時候他會推、踢、打同學，有時候又要親同學，情緒不穩定，常嚇到同學和老師。直到班上有一位同學被彼得踢傷，老師開始覺得必須另謀他法才能解決彼得在班上的問題，否則融合教育的政策只是增加普通班的困擾。

資料來源：李翠玲（2016）。

問題與反思

1. 彼得的老師要用哪些課程調整策略，才可以讓彼得參與普通班的課程？

2. 彼得上課弄出聲音干擾上課，你認為是什麼原因造成？老師該怎麼處理？

3. 「彼得的成長」案例內容對融合教育政策與課程調整有何啟示與反思？

　　隨著融合教育思潮興起，融合教育已成為當今潮流並化為政策進而實施。我國實施融合教育多年，隨著觀念普及，融合教育的落實也逐漸擴及學前與學齡階段，並由輕度障礙擴及到重度與多重障礙學生。為了因應融合教育的潮流與政策，使普通教育課程與特殊教育課程能夠接軌，勢必要採取課程調整與相關教學策略。本章第一節為特殊學生的融合教育理念與發展；第二節說明課程調整，包括學前階段與學齡階段的調整策略與範例。

第一節　融合教育理念與發展

一、融合教育理論基礎

　　不論身心障礙學生的障礙嚴重程度為何，他們都應有機會與同儕共享有相同的教育資源，而不是將其送到特別的場所去接受教育。以下從哲學、教育學與社會學的角度論述融合教育的理論與發展，以及我國融合教育的法令內涵。

(一) 哲學基礎

身心障礙是人類的多元化表現之一，學校中一般學生與身心障礙學生的比例，就是反映出這個社會裡普通人與身心障礙者的人口比例。基於每個孩童都有其獨特的性格、興趣、能力和學習需求，教育體制與學校應將這些多元的特徵和需要納入設計與規劃。

當今社會認為由障礙單一因素而隔離一個人是不恰當的，讓障礙學生融入社區學校才是「平等」的展現（Westling, Fox, & Carter, 2015）。1994 年聯合國召開世界特殊教育會議（World Conference on Special Needs Education），並在會議中針對特殊需求孩童的融合教育議題頒布《薩拉曼卡宣言與特殊需求教育行動綱領》（The Salamanca Statement and Framework for Action on Special Needs Education）。薩拉曼卡宣言提及每個孩童都應有受教育的基本權利，並且必須給予機會完成和持續一定水準的學習（呂依蓉，2016）。

2006 年《身心障礙者權利公約》（Convention on the Rights of Persons with Disabilities，簡稱 CRPD）獲得聯合國大會通過，並於 2008 年生效，截至 2018 年底，已有超過 170 個國家成為締約國。在我國，立法院於 2014 年通過《身心障礙者權利公約施行法》，賦予這部公約國內法效力，要求政府正視現行法規政策與國際人權標準的落差。此公約強調身心障礙人士平等與不受歧視權利，障礙者的權利就是人權，而每一項人權議題也都需要特別關切障礙者的處境，於此奠基學校融合教育的哲學觀。

特殊教育學生有接受適性教育的權利，屬於哲學概念（胡永崇，2010）。然而我們在進行智能障礙學生的判定時，主要

是實施智力測驗，以其施測結果未達平均數負兩個標準差，亦即 IQ 70 以下即屬於智能障礙，進而決定其安置於資源班、特教班或特殊學校等教學場所，並據以決定功能性課程或發展性課程的編製方向。以智力測驗的分數來決定一個人的能力與安置場所，就誠如 Gerber（1994）用後現代分析論證方式解構特殊教育，發現安置智能障礙學生的特教班教室其實是一個智力測驗結果的人為操縱環境，這是一個利用「外在的」（external）人為操縱的教室現象（如安置場所、課程教學），對「內在的」（internal）孩子天生的心智現象（如心智功能、認知能力等表現）進行分析。

特殊需求的教育假定了每個人差異的正當性，且教育必須依據其差異來滿足孩童的需要，而非改變孩童使其適應現存的教育環境以及接受大眾認同的學習方法。融合教育的哲學則是將兒童的特殊需求視為人類多樣性和多元文化的一部分，透過有效的融合教育措施與策略，落實自我實現的理念。植基於此，融合教育的實施對特殊學生而言自有其正當性。

(二) 教育學基礎

融合教育的情境提供重度障礙學生無窮的機會，使其可以在自然情境中學習技能（Lewis, Ryndak, & Wehmeyer, 2009）。Brinker 與 Thorpe（1984）調查發現，與一般同儕的社會互動頻率是重度障礙學生達成 IEP 目標數量的重要預測指標。研究也證實重度障礙學生在普通班的時間越多，越有可能參與普通班課程（Soukup, Wehmeyer, Bashinski, & Bovaird, 2007; Wehmeyer, Lattin, Lapp-Rincker, & Agran, 2003）。Kennedy 在一系列研究中（Cushing & Kennedy, 1997; Fryxell & Kennedy, 1995; Kennedy,

Mehta, & Fryxell, 1997）發現，將重度障礙學生安置於普通班，比安置於特教班能獲得較多的社會互動、社會支持與一般同儕的友誼。

對一般學生而言，有融合經驗的一般生對於障礙有比較多的知識、支持效能，也比較能接受多元性、有融合意願（Carter, Hughes, Copeland, & Breen, 2001; Carter, Moss, Hoffman, Chung, & Sisco, 2011）。在特教班或特殊學校，障礙學生的同儕也都有高度的特殊需求，學生往往需要等待才能獲得成人的協助、教導或注意；在融合班，則有許多同儕可以提供這些互動、協助與支持（Carter & Kennedy, 2006）。顯然與特殊學生同班學習不會妨礙一般同儕的學科或社會能力，反而會因此實質受惠。

(三) 社會學基礎

特殊教育的起源是基於人道考量與社會的需要，然而特殊教育專家發展了越來越多的障礙分類，卻不見得使得身心障礙學生有更好的學習環境，反而增加了這些孩子的標籤化與汙名化。Powell（2003）從專業壟斷的角度指出，特殊教育發展史中，越來越多的專家介入，建構出越來越多的特殊需要——特殊教育相關專業人員的膨脹，使得新的特殊教育需要不斷被建構出來。障礙的標籤雖會帶來負面的汙名，但卻同時也是特殊權利的依據（張恆豪，2007）。當標籤成為一種權利或特權時，漸漸使一般人認為身心障礙是一種社會必然的常態，從而產生「每個學生都有特殊需求，只是特殊需求的程度與面向不同而已」。在此情形下「每個學生都有特殊需要」，身心障礙學生的需要並不特殊，也形成障礙權利在社會上的普同性，融合教育便漸漸受到重視與推廣。

　　隨著融合教育的推廣以及有利於障礙者的就學與就業政策日增，被認定為「特殊」的學生人數增加了，社會對融合教育的理解與認同也多了。此現象反應了「正常」標準越來越小，也不再像早期將障礙者視為社會問題而隔離在外，因此相關的融合教育策略也應運而生，例如：同儕在教師的指導與監督下擔任教學與介入者，提供身心障礙學生學業和社會的支持，這稱為「同儕中介教學」，即以社會學習理論為基礎。

二、融合教育發展與法令

　　不少人把融合教育的發展分為三大階段，包括（1）第一階段（1960 至 1970 年代）：去機構化、正常化與回歸主流運動，主要是要將障礙者從違反人性的養護機構解放出來，讓他們能有接受教育的權利；（2）第二階段（1980 至 1990 年代）：普通教育改革，透過最少限制環境與回歸主流原則進行安置，讓輕度智能障礙者能接受接近普通學生的教育方式；（3）第三階段（20 世紀末迄今）：融合教育入《特殊教育法》（教育部，2009b）與融合教育政策落實教學現場，透過課程調整方式以幫助障礙學生融入主流教育，並針對他們的特殊需求提供所需的相關服務或支持。

　　融合教育的法令是建立於現代社會的哲學、教育學或社會學基礎上，1984 年我國《特殊教育法》（教育部，1984）首次制定，重點在各類特殊兒童之教育權；1997 年做了一次修正，特別著重於落實融合教育及早期療育的精神與行政作為；2009 年又再次修正，並將融合名詞入法。《特殊教育法》第 18 條規定：「特殊教育與相關服務措施之提供及設施之設置，應符合適

性化、個別化、社區化、無障礙及融合之精神。」「融合」一詞正式成為法定名詞，舊法多採「最少限制的環境」一詞（郭美滿，2012）。

三次修法內涵中，逐漸由按照障礙程度安置為原則，到融入普通班安置為原則。首先由民國 73 年的特殊教育法肯定教育權利、提供特教班，民國 84 年時透過資源班普及特殊教育，至民國 98 年建立負責任的融合教育（洪儷瑜，2014）。當今法令不再強調依障礙的嚴重程度來決定接受教育的地點，也說明不論其障礙嚴重性，所有特殊學生皆有接受與普通學生相同教育的法定權利。植基於此，為了安置於融合環境的特殊學生，使其學習效果能彰顯，一些促進融合的策略，如全方位課程設計與課程調整的模式與做法，便逐漸發展出來而應用於學校環境中。

第二節　課程調整

融合教育的成功因素包括促進覺察與接納、建立教學支援團隊、計畫有意義融合、提供課程等措施，首先可以透過特教宣導，讓普通班師生對特殊學生有初步的認識，進而接納特殊學生。下一步則可以透過融合的策略，在學習的過程中製造互動機會使他們建立友誼。在融合教育的策略上，可以採用諸如社交技巧訓練、提供替代溝通系統、合作學習小組、同儕中介策略、覺察訓練等（Carter, Sisco, Chung, & Stanton-Chapman, 2010）。有一些教學實作，例如：同儕中介策略、嵌入教學、全方位課程設計、學生主動的學習策略、系統教學，顯示能有效增進特殊學生在融合情境的學習（Westling et al., 2015）。在各種課程調整

模式中，本節說明三種模式與呈現範例，包括全方位課程設計、
Sandall 與 Schwartz 的課程調整之八大策略與新課綱課程調整之
四大向度。

一、全方位課程設計

　　「全方位設計」或稱「通用設計」（universal design），概
念強調設計出來的產品能適用於所有人。此概念異於「無障礙空
間設計」（barrier-free design），無障礙建築的設計是限制、歧
視身心障礙者的；而全方位設計不再僅考量身心障礙者的需求，
而是以「所有人」為設計對象，建構任何人都方便使用、易於接
近的社會環境及產業（曾思瑜，2003）。

　　全方位設計的概念是從建築設計的概念轉變而來，意指不同
需要的人都能使用的建築設計。而融合教育運動應視為一種學校
重構的革新，其目標是滿足全體學生的需求，而不只限於障礙學
生（Causton-Theoharis, & Theoharis, 2008）。身心障礙者教育
的問題不在於身心障礙學生的特殊需要，而是課程設計和教育系
統中的障礙使得身心障礙者無法和「一般人」一樣學習。因此應
該從根本改變教學的設計和方法，讓不同需求的學生在融合班級
中都能正常地學習（McGuire, Scott, & Shaw, 2006）。

　　具體而言，全方位課程設計（Universal Design Learning，
簡稱 UDL）的目的是發展一套所有人都能使用的課程，讓所有
學生都可以利用適合的管道，盡可能地向普通教育課程靠攏。它
不只滿足學生學習的挑戰性，也給予個體所需的支持，因此可以
從課程的目標、內容、教學和評量等方法來著手，盡量做到彈性
化、多元與調整，以適應不同學生的差異性。Orkwis（1999）

即指出全方位課程設計是一種課程設計的新典範，它不同於一般課程調整的思維，主張在課程設計之始即考慮不同學生的需求，以較有彈性、多元的方式來呈現課程內容。

全方位設計應用於融合教育則可分為全方位課程設計（UDL）、全方位設計教學與全方位設計評量（朱原禾、江俊漢，2009）。其中 UDL 指課程的設計方式要能使「所有」學生皆參與、學習，並得到有意義的成果，其理念為一個教室中學生是多元的，課程設計之初便應該建構為可以支持到所有學生。茲整理幾種 UDL 相關做法示例說明如下：

(一) 核心課程內涵融入 IEP 目標

在進行融合教育時可考量於普通班核心課程的內涵融入 IEP 目標，這樣就能幫助特殊學生在課堂融入學習。因此教師在設計課程時，應考量特殊學生的需求，予以調整，並結合 IEP 目標，使學生能夠參與課程，落實融合教育的理念。

(二) 教學前縝密規劃、教學時使用策略、教學後規劃評鑑

從 UDL 的特色與原則中顯示，教學前必須考量物理空間規劃、依學生障礙類別選擇與簡化教材、營造班級氣氛，教學時運用多媒體與各種教學策略並彈性調整，教學後要能規劃評鑑活動、提供系統回饋等。這些或許是老生常談的教學知能，但在 UDL 的教學理念中，都必須在教學前經過縝密的計畫，在教學中確實執行（李惠蘭、蔡昆瀛，2009）。

UDL 的課程設計方式要能使「所有」學生皆參與、學習，並得到有意義的成果，即使是重度障礙學生也包含在內。基於 UDL 的理念，針對重度障礙學生的 UDL 設計包括：強化教科書

（大字書、有重點提示）、以遊戲與建構式教材來說明概念與實驗、提供筆記型電腦（可以網路連線）、小組專題、同儕協助、額外教導等。

(三) 多元表徵、多元參與、多元表達

　　全方位課程設計應用於以幼兒為主的融合教育，則是以幼兒的興趣與需求為中心，包含以下三個原則：（1）多元表徵（multiple means of representation），指學習者察覺與了解資訊的方式不同，教師應運用多元方式提供他們獲取資訊與知識，例如：視覺、聽覺、語言與符號等；（2）多元參與（multiple means of engagement），指教師考量學習者的優勢與興趣，提供合適的挑戰，增進其學習動機以及參與；（3）多元表達（multiple means of expression），指教師依據學習者的不同需求，提供替代性的工具或科技輔具的支持，以及不同的回應與溝通方式（柯秋雪，2018；Conn-Powers, Cross, Traub, & Hutter-Pishgahi, 2006）。

　　Horn、Palmer、Butera 與 Lieber（2016）以 UDL 為基礎架構設計系列課程，以成功達成學前的融合課程。茲以「流動的液體」為活動主題，示例 UDL 內容：

　　　　強調所有孩童的全方位學習（UDL）
　　　　（亦即提供在活動中依據 UDL 原則使用的特定策略）
　　1. 多元表徵
　　　• 使用各種不同的液體來說明液體的概念。
　　　• 使用圖片與液體配對，並要求口語描述／命名液體。
　　　• 以口語方式討論和示範預測的結果。

- 在圖表上記錄每一位孩童的預測情形。
2. 多元參與
- 用問答技巧來引導每一位孩童參與課程。
- 連結到孩童的經驗／環境。
- 記錄孩童的反應以確認孩童的參與情形。
3. 多元表達
- 令孩童齊聲反應和個別反應問題。
- 提供暫停／延遲時間以允許孩童構思反應。
- 允許一些孩童在同儕回答之後接著回答,以獲得同儕示範。

全方位課程設計的理念甚佳,在一開始發展課程時就考慮到每位學生的獨特性,採取各種不同的替代方案,使各種不同背景的學習者均能獲得最大的進步,能照顧到所有的學生。但台灣這方面的實徵研究和推廣並不多,仍有待更多的學術研究與實務教師投入。

二、課程調整之八大策略

Sandall 與 Schwartz(2008)針對學前融合教育建構模式中的課程調整類型及策略提出八大支持策略,我國幼兒園現場也常採用(盧明,2011;鐘梅菁、江麗莉、章寶瑩、賴麗雲、黃玫玲、陳怜婷,2018),茲說明其原理與幼兒園融合教育情境應用之示例如下:

(一) 環境支持

環境支持是指改變物理的、社會的、時間的環境以提升兒童

的參與學習。融合環境中有特殊幼兒時，可以考慮在其所處環境中降低障礙所造成的影響，學習就可以更加順利，例如：

- 聽障與過動幼兒的座位要安排在前排的位置，一方面可以較靠近老師，另一方面也可以看清楚老師的動作和同學的示範。
- 社會環境的調整亦強調普通班老師要有顆接納特殊幼兒的心，進而可以做好班級宣導，讓班上學生和家長都能因了解障礙而去接納與協助班上的特殊幼兒。

(二) 素材調整

　　素材調整包括簡化素材的內容和改變素材的使用方式，讓幼兒盡可能獨立參與。由於普通幼兒的學習速度與特殊幼兒存在顯著差異，所以在素材的內容難度上，需要將其調整成適合班上特殊幼兒的程度，例如：

- 將素材或設備放在最佳的位置（高度等）；或固定素材；或讓素材大一點或亮一點。
- 針對協調能力較弱的幼兒，可以使其練習貼立體的貼紙或操作實物，協調能力較好的孩子就可以練習貼平面貼紙或操作圖卡或文字。
- 在幼兒園內針對會流口水的特殊幼兒進行素材調整，例如在美勞角設置泡泡畫的材料和工具，供該生練習。

(三) 簡化活動

　　簡化活動是指將複雜的活動切割成小片段，或者減少步驟，

如：使用工作分析法改變或者減少步驟，使達成目標。例如：

- 在製作果汁的烹飪活動中，班上一名特殊幼兒不會使用刀來
  切水果或用果汁機打果汁，於是老師便將小朋友分為三組，
  一組洗水果，一組切水果，另一組打果汁，然後讓該特殊幼
  兒參與洗水果組。
- 在拼圖活動中，在有些拼圖上放提示卡或答案卡，使特殊幼
  兒依據自己能力選擇，以減低其挫折感。

(四) 喜好運用

如果特殊幼兒無學習動機，則要找出他（她）的喜好，以引
起動機。其策略包括：讓幼兒拿著一個喜愛的玩具、採用幼兒喜
好的活動與喜好的人。例如：

- 一位注意力缺陷／過動症幼兒喜歡分享想法給老師同學聽，
  但只要跟同學坐在一起上團體課時，他就會一直想站起來離
  開座位。這天上製作聖誕樹課程，老師就根據他喜歡分享的
  特點，跟他說只要上課不亂跑的話，聖誕樹做好後他可以第
  一個上台表演給大家看。如此投其所好的契約方式，終於讓
  這位過動症幼兒好好坐下上課。
- 幼兒喜歡玩具車，可以用玩具車當增強物，只要完成活動，
  就可玩玩具車。

(五) 特殊器材

指使用輔具讓特殊幼兒得以進入活動場地來增進其參與班級
活動。有些幼兒有溝通或行動的問題，此時就可以用溝通輔具或

行動輔具來增進其參與課程。例如：

- 溝通困難的自閉症幼兒使用溝通本來與老師和同學互動。
- 精細動作困難的腦性麻痺幼兒使用特殊剪刀參與美勞活動等。
- 聽覺障礙幼兒配戴助聽器上課。

(六) 成人支持

指成人的介入（通常指老師）支持幼兒的參與和學習，可以透過示範，參加幼兒的遊戲及給予讚美與鼓勵等方式。例如，當特殊幼兒在學習過程中遇到困難時，老師要能夠視當下的情況做出調整，口語提示、動作提示、示範等方式皆可利用。並且要視幼兒的能力來增減支持的程度，儘量不要完全協助，以訓練獨立，並引導普通幼兒與特殊幼兒玩，例如：

- 老師示範如何牽特殊幼兒的手去上廁所。
- 特殊幼兒在活動中完成階段工作時，老師鼓勵他說：「你做得很好啊！」

(七) 同儕支持

同儕支持是指運用同儕來幫忙幼兒學習重要的目標，可以使用的策略包括：示範、同儕協助、讚美與鼓勵等。同儕支持比成人支持效果佳，因為特殊幼兒還是需要同儕認同。在班級經營上，可利用合作學習做異質性分組，以小組方式進行學習，例如：

- 安排小天使照顧小組中的特殊幼兒。
- 讓小幫手引導特殊幼兒熟悉環境與作息時間。
- 讓小天使帶特殊幼兒唱兒歌等。

(八) 隱性支持

　　隱性支持是指在活動中，老師安排事件自然地發生，包括在課程中巧妙地安排活動的順序。例如：

- 老師想讓班上的特殊幼兒學習主動問候，於是刻意安排其他老師走進教室製造打招呼的機會。
- 班上特殊幼兒因肌力不足而有攪拌食物上的困難，此時老師先讓其他幼兒攪拌或加水後，再讓特殊幼兒來攪拌，以促進其在班上的融合。
- 幼兒不參與大團體的音樂律動，老師將音樂和律動動作加入其他活動。例如：請幼兒用大步伐走或單腳跳的方式前往下一個活動角落（盧明、魏淑華、翁巧玲譯，2008）。

案例 4-2　均均在幼兒園的融合

　　均均是一位兼有智障、自閉與肢障之多重障礙的四歲幼兒，目前在一所普通幼兒園進行融合教育。老師發現她常出現手部自我刺激的行為，上課時大多坐在教室的角落，不參與班級活動。老師求助於教學支援團隊，支援團隊入班觀察後，發現均均的手部自我刺激動作（包括與課程無關的拍手動作、玩眼鏡、舔手臂、吃手指等）次數頻率高，整合相關案例資料後，支援團隊提出的融合策略如下：

一、特殊器材、環境支持與同儕支持

支援團隊的治療師建議：「均均上課時可使用擺位輔具，如擺位椅、輪椅（特殊器材）以增進幼兒姿勢穩定。」支援團隊並考量班級狀況提出調整內容：「從原來坐在教室角落（與同學脫離的地點），移至同學團體中（環境支持）。但因為全部學生都是坐在地板上，為了避免均均一個人坐在擺位椅上顯得太突兀，因此讓有些小朋友和她一樣坐在小椅子上，有的則坐在地板上，並安排一位能力比較好的小朋友坐在她旁邊，視需要而協助她（同儕支持）。」

二、喜好運用與成人支持

均均的優勢能力在聽覺，喜歡音樂，但在活動轉換時需有明確的提醒，因此支援團隊建議「利用不同音樂（喜好運用）進行不同活動，或是老師帶她唸口訣（成人支持）來代表該活動，藉此增進均均對環境規則與情境轉換的理解，以增進活動的參與。」另考量均均為含自閉症之多重障礙幼兒，仍有視覺提示的優勢能力，因此建議老師在教學時應參考個案興趣（喜好運用）適時給予視覺提示（成人支持），並透過一對一的教學或者以小組方式進行教學（成人支持）。

經過一個學期的課程調整後，老師觀察到均均的手部刺激動作減少了，課程參與度提升了。當老師帶小朋友跳舞，均均聽到跳舞音樂時，會跟著說「ready go ！」當有小朋友過來與均均玩時，小朋友抓她的手拍幾下，並唱歌、搔她的癢，均均會笑出來，顯然她與同學的互動也增加了。

資料來源：案例來自李翠玲、鐘梅菁、邱奕君、邱上純（2008）之論文個案，略改寫以符合案例格式。

三、新課綱課程調整之四大向度

　　「課程調整」是融合教育成敗的關鍵（吳武典，2020），自融合教育成為基本教育政策以來，普通班教師為班上特殊學生進行課程調整的呼聲即興起，各種課程調整方案與模式也引進國內供普通班教師使用。普通教師與特教教師班合作共同研發課程調整方案，以促進就學階段之融合教育（鈕文英，2006；蔣明珊，2001）。直到 2019 年十二年國教課綱頒布實施，特殊教育課程與普通教育接軌，共用課程綱要，普通教師針對特殊學生的課程調整需求更殷切，課程調整的原則與方式也就趨於一致。

　　一般而言，考量十二年國教課綱依據，特殊學生分為學習功能正常、學習功能輕微缺損與嚴重缺損等三類進行課程調整。學習功能輕微或嚴重缺損的學生得依其身心狀況及能力，採用原各教育階段之該領域／科目的核心素養及學習重點，或採簡化、減量、分解、替代或重整等方式進行調整。調整時，可參考《十二年國民基本教育課程綱要》配套措施《身心障礙學生領域課程調整應用手冊》與《十二年國民基本教育特殊教育課程實施規範》，再根據調整過後的核心素養與學習重點編選教材。以下就課程調整的四個向度，包括學習內容、學習歷程、學習環境與學習評量說明與示例：

(一) 學習內容調整

1. 簡化

　　「簡化」指降低各教育階段之各領域／科目目標、核心素養及學習重點的難度；例如可在課綱學習重點項目中，加上下列提示與協助：「在（口語）提示下……」、「在（口語）提

醒下……」、「在（肢體）協助下……」、「在（教師）引導下……」或將原指標（學習表現）內容（質）與難度降低。表 4-1 為學習表現與學習重點內容之「簡化」示例。

表 4-1 　學習表現與學習重點內容之「簡化」示例

調整原則（簡化）	學習表現	學習內容
調整前	2-I-1 能以正確發音流利地說出語意完整的話。	Be-IV-2 在人際溝通方面，以書信、便條、對聯等之慣用語彙與書寫格式為主。
調整後	㊜ 2-I-1 能以正確發音說出完整的話。	㊜ Be-IV-2 在人際溝通方面，用簡單書信之慣用語彙及書寫格式為主。

2. 減量

「減量」指減少各教育階段之各領域／科目核心素養及學習重點的部分內容。例如：將原指標（學習表現）「國字」或「英文字」數量減少、將原指標「數量」減少、將原指標「符號」或「單位」（注音符號、度量衡、數學符號、單位、標點符號等）數量減少。表 4-2 為學習表現與學習重點內容之「減量」示例。

表 4-2　學習表現與學習重點內容之「減量」示例

調整原則（減量）	學習表現	學習內容
調整前	4-II-1 認識常用國字至少 1800 字，使用 1200 字。	Ad-III-3 故事、童詩、現代散文、少年小說及兒童劇。
調整後	㊜ 4-II-1-1 認識常用國字至少 1200 字。 ㊜ 4-II-1-2 能使用常用國字至少 600 字。	㊜ Ad-III-3-1 故事 ㊜ Ad-III-3-2 童詩

3. 分解

　　「分解」代表將各教育階段之各領域／科目核心素養及學習重點分解為數個小目標或學習內容，在不同的學習階段學習，或雖在同一個學習階段但予以分段學習。表 4-3 為學習表現與學習重點內容之「分解」示例。

表 4-3　學習表現與學習重點內容之「分解」示例

調整原則（分解）	學習表現	學習內容
調整前	1-III-3 判斷聆聽內容的合理性，並分辨事實或意見。	Ad-II-2 篇章的大意、主旨與簡單結構。
調整後	㊜ 1-III-3-1 判斷聆聽內容的合理性。 ㊜ 1-III-3-2 聆聽時，能分辨事實或意見。	㊜ Ad-II-2-1 篇章的大意。 ㊜ Ad-II-2-2 篇章的主旨。 ㊜ Ad-II-2-3 篇章的簡單結構。

4. 替代

　　「替代」代表原來各教育階段之各領域／科目核心素養及學習重點適用，但須以另一種方式達成。使用不同學習策略如：「寫出」調整為「說出」，其他如：拼讀、模仿（仿寫）、複述（仿說）、按壓（按鈕）、指出（認）與透過軟體或輔具等。表4-4 為學習表現內容之「替代」示例。

表 4-4　學習表現內容之「替代」示例

調整原則（替代）	學習表現
調整前	5-II-9 能透過大量閱讀，體會閱讀的樂趣。
調整後	㊡ 5-II-9 能透過報讀軟體進行閱讀，體會閱讀的樂趣。

5. 重整

　　「重整」係將該教育階段或跨教育階段之各領域／科目之核心素養及學習重點，重新詮釋或轉化成生活化或功能性的目標與學習內容。部分因障礙限制而無法學習的學生之學習表現及學習內容可能需加以重整，甚至將部分較難的內容刪除，並需以小步驟學習新教材、充分練習與累積複習舊教材的課程設計方式進行教學。表 4-5 為學習表現內容之「重整」示例。

表 4-5　學習表現內容之「重整」示例

調整原則（重整）	學習表現
調整前	1-II-3 聽懂適合程度的詩歌、戲劇，並說出聆聽內容的要點。
調整後	調 1-II-3 聽懂適合程度的日常生活短文、故事、短劇。

(二) 學習歷程調整

學習歷程調整是指依特殊教育學生的個別需要，善用各種能引發其學習潛能之教學策略，並適度提供各種線索及提示。例如：採用直接教學法，協助學生畫重點、找關鍵字、提供閱讀指引、組織圖等；使用具實證教學成效的方法，採工作分析、多層次教學、合作學習等。除教學策略外，教學型態依領域需要與人力資源採個別指導、分組教學、團體教學與班際協同等，也屬於學習歷程之調整。例如：

- 對於偏向圖像式思考優勢的自閉症學生，教師使用 PECS 溝通本與提供圖像式的教材內容。
- 對於視知覺有困難的學習障礙學生，教師使用較粗黑之文本字體，以及用顏色區分不同部首的相似字。

(三) 學習環境調整

學習環境調整是指物理環境與人力協助設計以提供一個安全、安心且無障礙的學習環境。其做法是根據學生的特殊需求進

行教室位置與動線規劃、學習區及座位等調整，以提供特殊學生友善的校園環境。人力協助指提供所需的義工、志工、教師助理員或特教學生助理人員等人力協助，除此之外，得由縣市特殊教育資源中心、學校各處室等提供各項行政支援，並提供教師、同儕自然支持等心理與社會環境的調整。友善校園的營造也是相當重要，學校宜提供尊重、互動、接納及支持的心理環境，以激發特殊學生的學習動機。

　　在措施上，學習環境調整可包括教室採光、通風、溫度、教室布置、教學設備資源、教室位置、動線規劃、學習區、座位安排等物理環境的調整。例如：

- 對行動不便的肢體障礙同學，將國語上課地點移至藝術生活教室，空間大、可活動，還有設置投影設備，方便學生進行各種形式討論或報告。
- 安排弱視學生坐在前排，並避免靠窗位置，以免反光刺眼。
- 對於過動症學生可安排教師助理員，以協助班級秩序管理。

(四) 學習評量調整

　　學習評量調整強調，在必要時採用多元評量與替代評量來評定特殊學生的表現，包括動態評量、檔案評量、實作評量、生態評量與課程本位評量等。透過適性評量以充分了解各類特殊學生的學習歷程與成效，以作為課程設計及改進教學的參考。

　　根據《特殊教育課程教材教法及評量方式實施辦法》（教育部，2000）及《身心障礙學生考試服務辦法》（教育部，2012a）的規定，在考試時間調整部分，學生得提早入場或延長測驗時

間。至於學生接受評量的地點，可於隔離角、資源教室或個別教室，必要時亦得視需求提供個人或少數人考場，或提供設有空調設備、靠近地面樓層、設有升降設備或無障礙廁所的評量環境。

此外，評量方式的調整，例如：

- 得採紙筆、口試、指認、實作、點字試卷、放大試卷、電子試題、有聲試題、觸覺圖形試題、提供試卷並報讀，或專人協助書寫等。
- 必要時，需提供擴視機、放大鏡、點字機、盲用算盤、盲用電腦及印表機、檯燈、特殊桌椅或其他相關輔具等服務，俾利學生順利作答。
- 教師亦需在評量時給予必要的提示，包括視覺或聽覺提示、手語翻譯，或板書注意事項說明等調整措施。

總結與反思

　　課程調整的目的在促進普通教育和特殊教育課程接軌，進而實現融合教育的理想。課程調整的主要執行者應該是普通班教師，或普通班教師與特殊教育教師共同合作，如果普通班教師沒有意願執行，或普通班教師與特殊教育教師缺乏互動，行政也無相關措施配合，仍難有成效。不可否認，目前在學齡階段教學現場仍有不少學校仍存在此一現象。而目前融合教育課程大多開在特殊教育的師資培育課程中，小學教育學程通常並無融合教育課程科目，幼教師資培育則大多有融合教育課程，這或許是學前的融合教育與課程調整實施成果較佳的原因之一。未來也許可在小

教師培課程中開設融合教育課程，或在「特殊教育導論」課程加強融合教育與課程調整內容，以利未來普通班教師推行與落實融合教育。整體來看，現階段的融合教育與課程調整仍有努力的空間。

Chapter 5

教案撰寫

　　舉凡縣市教師甄試、特教教育評鑑、實習課教學觀摩與備觀議課等皆需要寫教案。撰寫教案是每一位師資生或教師必備的基本能力，透過在教學前先寫過教案，教學時按表操課，授課時心理上比較不會緊張，也比較不會出錯。本章就教案功能類別與教案要素說明教案的撰寫，並以在特殊教育領域的十二年國教課綱素養導向教案做範例說明。

第一節　教案功能與類別

　　教案（teaching plan 或 lesson plan）是指教學活動的規劃書，在教學之前，教師將教學所要達成的目標、所用的教學方法、教學時間、教學重點、師生活動、教學資源和教學評量方式等，事先計畫，以便據以施教。教案像是醫師的處方箋或律師的答辯狀，甚至是建築師的設計藍圖（任慶儀，2019）。「教案」是專業的代表，也是教師最能表現專業形象和溝通的形式。因此，設計教案通常被視為是教師的「基本能力」。編寫教案是每一位

教師不可或缺的能力，教案的功用大致可以歸納如下（李翠玲，
2001）：

1. 可使教學具有明確周全的教學目的。
2. 可使目標確實具體地達成。
3. 可選取合適的教材以適應需要。
4. 可採用適當的教學方法。
5. 可安排合適的教學活動。
6. 可準備充分的教材教具。
7. 可分配合適的教學時間。
8. 可穩定教師的信心。
9. 可檢驗教學目標是否達成。

　　從敘寫的方式來看，教案有詳案和簡案之分，詳案應包括比
較完整的教案元素，簡案則可以視需要由教師增減。而有經驗的
教師，會以更簡單的方式列出教學備忘錄，亦能在教學時透過純
熟的教學技巧與豐富的教學經驗，使得教學進行流暢。一般來
說，新進教師的計畫越周詳，對教學的成功越有幫助；但即使是
最有經驗的教師，也不可能簡略到完全沒有教學計畫便成功達成
教育目標。

　　要寫非常詳細的「詳案」是一件耗費體力與燒腦的工作，但
是「簡案」也不能簡到讓人無法了解究竟教室內發生什麼事，而
是所有「必須的」步驟都要簡單加以敘述，不可擅自刪除或是改
變。那麼，教案到底要詳細到什麼程度或簡略到什麼程度才可
行？通常如果教師要請假，有人要來代課，而原班教師所寫的教
案可以讓代替上課的教學者看得懂、有效執行教學，這樣的教案
就合格了。

　　總之，教案不是只在觀摩教學時才需要，它是教師的準備工作之一。有了準備，能夠確保高品質與結構化的教學，使教學較容易成功；缺乏準備，則教學較易鬆散。

第二節　教案要素

　　教案沒有固定的格式，所涵蓋的元素也依據目的而有不同。通常教案包括五大要素：教學／學習目標、教學資源、時間分配、教學研究及活動過程，在教案中起頭要有基本資料，包括教學領域、教學者、教學日期、教學單元、教學班別、節數安排與教材來源等。以下是教案五大要素及其相關重點與示例：

一、教學／學習目標

　　根據布魯姆（Bloom）的教育目標分類理論，教學目標通常分為認知、技能與情意三方面陳述，實際上仍可視教學內容來決定此三大領域是否應同時具備在該次教學中。但以目標領域的完備性而言，仍建議三者兼具。在敘寫學習目標時，有時為了更能了解教學的內涵，會以學生可觀察、可測量的具體行為分別列出，此時又可分為具體目標或行為目標。另因應特殊學生課程調整與素養導向課程設計，相關目標寫法亦需注意。以下就各領域目標寫法說明與示例。

(一)認知領域目標

「認知」領域目標寫法所使用的動詞通常為「認識、知道、學會、了解」。

表 5-1　認知領域目標寫法示例

一般性目標 （單元目標）	具體目標 （行為目標、學習目標）
學生能**認識**世界的特殊教育歷史	學生能說出世界特教歷史的三個分期 學生能說出基督教對特殊教育發展的正負影響
學生能**知道**重量	學生能說出重量的公制單位 學生能換算公斤和公克的單位
學生能**了解**植物的構造	學生能說出植物的三項基本構造 學生能說出根部的重要性
學生能**學會**洗手	學生能指出水龍頭的構造 學生能說出洗手的步驟 學生能把手洗乾淨

(二)技能領域目標

技能領域目標寫法常用「操作、模仿、協調與自然化」等與神經肌肉技巧靈巧程度相關的動詞（王文科，2007），亦指由骨骼和肌肉之間的協調而產生不同程度的複雜性動作，它本身就帶有動作（任慶儀，2019）。示例如表 5-2。

表 5-2　技能領域目標寫法示例

一般性目標 （單元目標）	具體目標 （行為目標、學習目標）
學生能**學會**做蛋糕	給學生蛋糕食譜，學生能完成做蛋糕步驟
學生能**唱歌**	給學生歌譜，學生能不間斷唱完一首歌
學生能**組合**書架	給予學生操作手冊，學生能在 10 分鐘內組合書架
學生能**發表**	學生能上台發表至少三點自己的看法

(三) 情意（態度）領域目標

情意領域目標常用的動詞為「欣賞、願意、分享與參與」等。示例如表 5-3。

表 5-3　情意領域目標寫法示例

一般性目標 （單元目標）	具體目標 （行為目標、學習目標）
學生能**參與**活動	學生能參與團體活動
學生**願意**養成良好飲食習慣	學生願意實踐健康的飲食習慣
學生能**欣賞**畫作	學生能欣賞張大千的畫作
學生能**分享**	學生能分享旅遊經驗

(四) 調整後學習目標

因應特殊教育課程與普通教育課程接軌，特殊學生的學習目標基本上是參照普通學生教育的課綱為主，再依據特殊學生的需

求用簡化、減量、分解、替代或重整等原則加以調整，而成為
「調整後學習目標」。例如：表 5-4 為採「分離」原則來調整學
習目標後，所得到的調整後學習目標。此法亦為本章第三節教案
範例的調整目標寫法。

表 5-4 調整後學習目標寫法示例

學習目標	調整後學習目標（分解）
1. 理解圓周長的公式，並計算扇形之弧長。	1-1 辨識扇形為幾分之幾圓（$\dfrac{圓心角}{360°}$） 1-2 運用（圓周長 $\times \dfrac{n}{m}$ 圓）之計算方式求出扇形之弧長 1-3 了解扇形周長＝弧長＋半徑 $\times 2$
2. 運用圓面積的公式，計算扇形之面積。	2-1 了解圓面積的公式 2-2 運用（圓面積 $\times \dfrac{n}{m}$ 圓）之計算方式求出扇形之面積

(五) 素養導向目標

配合 108 課綱頒布執行，素養導向的目標寫法偏向使用較高
層次思考的動詞，例如「理解、統整、分析與探索」等。素養導
向的學習目標寫法範例如下：

1. 具備**理解**課文所給予的訊息與段落大意。

2. 針對課堂或學習單的問題，能**口頭做出適當清晰的回答**。

3. 針對課程討論問題過程，具備聆聽、與同學形成討論並**統整結論之能力**。

4. **理解**「人生以服務為目的」的核心構想與生活運用。

5. 應用科學知識、方法與態度**探索**野柳地質構造。

二、教學資源

　　使用教學資源可使教學更豐富與生動，從教案中的教學資源部分可以看出教學設計的用心而預期教學的效果。教學資源可包括物與人，物為教材、教具、器材或輔具等，人則是與教學主題相關的專業人士或有關人士，例如：寵物的主題可邀請獸醫來分享。教材教具可分為具體（例如：實物）、半具體（例如：圖片）與抽象（例如：符號與文字）等，教師在做多層次教學時，即可針對不同程度學生使用不同層次的教具。例如：針對中重度智能障礙學生的身心特質，以具體教育為宜，以利其操作教具而達到學習效果。表 5-5 為教案範例中的教學資源寫法。

表 5-5　**教學資源寫法示例**

教學設備∕資源	各式扇子、ppt、扇形圖卡、圓型圖卡、直尺、剪刀、重點筆記本、學習單

三、時間分配

　　通常試教、教學觀摩或備觀議課的時間是一節課，有些教師的教案內容就寫此節。但也有不少教師的做法是將教學單元分成好幾節，試教的那節寫詳案，其他節寫簡案。這種做法可以幫助教學觀摩者了解教師對該單元整體教學規劃的全貌。

在一節課時間內，教學活動的進行至少包括三個階段，亦即準備活動階段、發展活動階段與綜合活動階段。為了有效掌控時間，每一階段活動應依據需要分配若干教學時間，教學活動的分配時間應力求合理。通常教學活動的時間分配可參考下列原則來規劃（毛連塭，1999）：

- 同一階段教學活動不宜過長，以免學生產生疲乏。
- 年幼者時間要短，年長者時間可長。
- 程度高者宜長，程度低者宜短。
- 資優者較智能障礙者為短。
- 視、聽障兒童較普通兒童為長。
- 操作者宜長，講授者宜短。
- 有興趣者宜長，無興趣者宜短。
- 須精熟者宜長，略讀者宜短。
- 環境舒適者宜長，環境不舒適者宜短。
- 壓力大的學習宜短，放鬆的學習活動可以較長。
- 導入活動和結束活動宜較發展活動和探索活動為短。
- 治療活動則視治療工作的性質和方法來決定所需時間。

四、教學研究

在教案裡的教學研究通常包括三大部分：教學聯繫、該次教學所使用的教學重點（教學策略）以及學生能力現況描述。教學者有時會視需要刪減某部分，而非全部涵蓋；然而考量完整詳細的內容，建議儘量包括三大部分。茲分述如下：

(一) 教學聯繫

　　教學聯繫分縱向教學聯繫和橫向教學聯繫，縱向教學聯繫是用文字敘述或圖示說明該次教學的過去經驗或先備經驗（過去）、本單元教學（現在）以及延續單元（未來）；橫向教學聯繫則是指該次教學的跨領域相關內容。圖 5-1 為國小三年級「單元 6 加減併式與估算」的縱向教學聯繫示例。

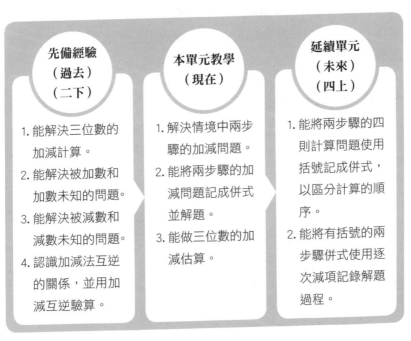

圖 5-1　「單元 6 加減併式與估算」的縱向教學聯繫

(二) 教學重點（教學策略）

　　教案設計如果能運用教學法或教學策略，所設計的各種學

習活動將能更完整、更有特色,也更專業。教學方法與策略包括:(1)基本教學法,包括講述教學法、練習教學法、單元教學法等;(2)進階教學法,包括直接教學法、前階組織法、概念獲得模式、歸納思考教學法、翻轉教學法等:(3)特教教學策略,可針對特殊學生的個別差異進行高低分組,以便進行多層次教學。針對特殊學生的不同障別選擇適當的教學策略與教學法,例如:工作分析法與直接教學法(含提示策略)使用於智能障礙學生,交互教學法或識字策略使用於學習障礙學生,結構式教學法或社會技巧使用於自閉症與情緒行為障礙學生等。表 5-6 為教案範例的教學重點寫法。

表 5-6　教學重點寫法示例

教學重點
(一)直接教學法:
1. 透過工作分析設定步驟,使用具體物操作,引導學生將解題步驟具體化,再逐漸用褪除方式引導學生內化解題技巧。
2. 採解題小提示:「弧長＝圓周長 $\times \dfrac{圓心角}{360°}$」、「扇形周長＝弧長＋半徑 $\times 2$」
(二)多層次教學:
採小組方式,並依據個別差異提供不同的教學策略。

(三)學生能力現況描述

　　特殊學生個別差異大,學生的優勢及弱勢能力會影響到教師的教學設計,因此在教學研究的部分除分析教材、陳述教學的重點與策略外,特殊教育教案通常還需陳述參與課程的特殊學生在

該次教學的能力現況描述，內容除了寫上學生的背景資料，如性別、年級、障礙狀況等，也要寫上該生的一般能力與在此領域課程中該次教學單元的起點和先備能力。有時也可把所有學生的座位安排圖置入教案中，以方便做班級經營（見本章第三節教案範例的「課堂情境圖」）。表 5-7 為國小三年級「單元 6 加減併式與估算」的學生能力現況描述寫法，以其中一位學生小豪為例說明。

表 5-7　學生能力現況描述寫法示例

學生能力現況描述 （綜合描述學生一般現況能力及該領域能力表現）
・小豪（男，三年級，學習障礙／混合型－閱讀注意力） （一）一般能力現況 　　1. 注意力：容易受干擾而分心，老師特別提醒仍容易忘記遺漏，常忘記攜帶物品回家。容易衝動、主動口語多。 　　2. 思考及理解力：表達內容的邏輯順序較弱，容易誤解指示。只聽一半，且常重複問題。答非所問，理解因果順序有困難。 　　3. 認知能力：FSIQ 88 其中 VCI 92、PRI 91，顯示在非語文與語文能力差異不大。 　　4. 學習動機：易受挫而有負向情緒、不至於生氣、協助下完成多可以平復。 （二）數學領域能力 　　1. 能進行基本運算（加減乘除）。 　　2. 抽象空間概念稍弱，對方向有時會混淆。 　　3. 應用題或文字題無法理解題意，但有報讀可計算列式。 　　4. 本單元相關能力：能辨識個、十、百、千等國字，已能自行畫出定位板，在讀數時容易因為衝動思考看錯數字或位值。

五、活動過程

　　教案中的教學活動過程常包含三個階段的活動，即準備活動、發展活動和綜合活動。準備活動是一項以暖身為目的的活動，可以分成課前準備和引起動機兩大部分，時間不宜過長，以 5 至 8 分鐘左右為宜；發展活動則是該教案教學的主軸，也是主要的教學內容，所分配的時間需要多些，建議以至少三個小活動串連，活動間要涵蓋教學與評量的連結，以 20 至 30 分鐘為宜；綜合活動則是結束活動，具有檢驗教學是否有效的總評量功能，為了生動化評量，可透過遊戲、猜謎或闖關等方式完成，時間不宜過長，以 5 至 10 分鐘為宜。有時教案編製者會另設計作業單來評量學生所學，如學生個別差異大，則作業單以多層次設計為高組以及低組作業單（見本章第三節教案範例）。

　　如前所述，教學活動中的準備活動主要是為引起學生對該次教學的興趣與動機，相當重要，但也常見一些錯誤的撰寫方式。任慶儀（2019）指出一般常犯的錯誤設計如下：（1）將課文的內容直接當作引起動機的問題，如此一來，學生會直接在課本找答案，失去引起動機的意義，也毫無驚喜感覺；（2）把引起動機寫成「說明」，例如：在教案中寫「播放○○影片」，卻沒有註明播放影片之後的焦點提問；（3）把「喜歡、不喜歡」作為引起動機的方式，萬一學生回答「不喜歡」，則教學難以進行；（4）「引起動機」的問題太廣，例如：「你在影片裡看到什麼？」學生的回答可能天馬行空而失焦。

　　除了上述五大要素外，有些設計者會在教案格式之前闡述其「設計理念」，以幫助說明設計該次教學的目的與設計脈絡。因

應十二年國教課綱頒布執行，目前撰寫教案時，也需根據學生所屬年級階段置入課綱中適合的核心素養、學習表現、學習內容或議題等內容，如果特殊學生的學習能力難以達成，則需視其狀況加以調整（見本章第三節教案範例）。有些教案會設計「備註欄」或「評量欄」寫出對學生的教學評量。教學評量一項應該要包括教學評量的方式、教學評量的標準等，前者指的是採用的教學評量方法，例如：紙筆測驗、檔案評量、闖關評量等，後者指的是教學評量標準的擬定，應該要依據單元目標的行為目標，以確定學生的學習成效（林進材、林香河，2013）。教學完畢後，根據學生表現填上教案內的評量結果，最後教師再寫上「教學省思」以促進專業成長，才算完成完整的教案與教學程序。

第三節　素養導向教案範例

　　一份優良教案除了五大要素要完備外，教案內容也要儘量符合以下原則：（1）動態教學活動；（2）製造教學情境；（3）教法多樣化；（4）多使用教具；（5）聯絡教學；（6）詳案簡案因時制宜（李翠玲，2001）。以下教案範例是依據十二年國教課綱的素養導向格式來撰寫，在教案要素與教案原則等方面堪稱完備與優良。

國小教學活動設計

領域／科目	數學領域	單元名稱	扇形周長與面積
學習階段／年級	第 三 階段／六 年級	教學地點	資源班教室
教學時間	5 節課（本次演示第一節）	教材來源	○○版六上第 6 單元
教學者	曾○○老師	教學日期	2020.○.○

教學研究

一、教材分析

縱向教學聯繫：

先備經驗

・**五下單元 3**
1. 認識扇形。
2. 認識圓心角和周角。
3. 認識 $\frac{1}{2}$、$\frac{1}{4}$ 等的扇形。

・**六上單元 5**
1. 能理解圓周率的意義、求法。
2. 能用圓周率求出圓周長或直徑。
3. 能理解求圓面積的方法和公式，並加以運用。

本單元教學重點

1. 求出扇形弧長和周長。
2. 求出扇形面積。
3. 運用扇形面積的求法，求出圖形面積。
4. 計算複合或重疊圖形的面積。

延續單元

・**六下單元 1**
1. 柱體體積的公式。
2. 計算複合型體的體積。

二、教學重點

（一）直接教學法

1. 透過工作分析設定步驟，使用具體物操作，引導學生將解題步驟具體化，再逐漸用褪除方式引導學生內化解題技巧。

2. 採解題小提示：「扇形弧長＝圓周長 × $\frac{圓心角}{360°}$」、「扇形周長＝弧長＋半徑 ×2」

（二）多層次教學

採小組方式，並依據個別差異提供不同的教學策略。

三、學生能力現況描述
　　（綜合描述學生一般現況能力及該領域能力表現）

・小華（左一／男／案一）

（一）一般能力現況

1. 障礙類別：學習障礙—識字（原），本次轉銜鑑定為學障—閱讀理解、寫作、數學問題（109.11.12）。

2. 專注力不佳，容易分心，需提醒，學習動機低落，態度被動。

3. 有口吃問題，常急著要說完或唸完句子，斷句錯誤。

（二）數學領域能力

1. 有基礎運算能力，大致能完成整數、小數與分數的運算，但數學解題的邏輯推理能力較差。

2. 對幾何的理解能力較差，對各種幾何圖形的組合能力較差，常無法直接了解複合圖形，需透過實際的圖形剪貼操作加以理解。

3. 對於已經學過的圓面積、圓周長及其他幾何圖形的計算公式已能清楚記憶，但尚未完全理解。

（續下頁）

・阿明（左二／男／案二）

（一）一般能力現況

　　1. 障礙類別：學習障礙—識字（原），本次轉銜鑑定為學障—閱讀理解、數學問題（109.11.12）。

　　2. 注意力差、容易分心，需加以提醒。

　　3. 聽覺學習能力較視覺優異，依賴聽覺學習。

（二）數學領域能力

　　1. 有基礎運算能力，大致能完成整數、小數與分數的運算，但數學解題的邏輯推理能力較差。

　　2. 對幾何圖形的理解力佳，能透過圖像思考複合圖形的面積計算方式，但在多步驟的計算過程容易因不專注而遺漏步驟或計算錯誤。

　　3. 對於已經學過的圓面積、圓周長及其他幾何圖形的計算公式已能清楚記憶與理解。

・美美（右二／女／案三）

（一）一般能力現況

　　1. 障礙類別：學習障礙—識字（原），本次轉銜鑑定為學障—寫作、數學問題（109.11.12）。

　　2. 抽象理解力稍弱，部分概念需透過操作才能理解。

　　3. 自信心不足，常對自己的答案沒自信而不敢回答。

（二）數學領域能力

　　1. 基礎運算能力佳，整數、小數與分數的四則運算佳，抽象的數概念（如：比率）理解力稍弱。

　　2. 幾何圖形的理解力佳，能透過圖像思考複合圖形的面積計算方式。

　　3. 對於已經學過的圓面積、圓周長及其他幾何圖形的計算公式已能清楚記憶與理解。

・小雄（右一／男／案四）

（一）一般能力現況

　　1. 障礙類別：多重障礙－智能＋視覺障（原），本次轉銜鑑定
　　　　為智能障礙（109.11.12）。

　　2. 注意力稍弱，需加以提醒，對抽象概念理解力弱，需要透過
　　　　實際操作引導來理解概念。

　　3. 視知覺能力臨界，需提供多感官的教學。

（二）數學領域能力

　　1. 有基礎運算能力，大致能完成整數、小數與分數的運算，但
　　　　數學解題的邏輯推理困難。

　　2. 可透過圖像思考複合圖形的面積計算方式，但在多步驟複雜
　　　　的計算過程容易因不專注而遺漏步驟或計算錯誤。

　　3. 對於學過的圓面積、圓周長及其他幾何圖形計算公式已能清
　　　　楚記憶，但尚未完全理解。

・課堂情境圖：

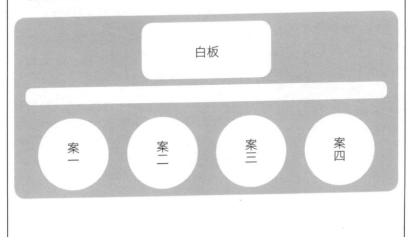

（續下頁）

設計依據		
核心素養	總綱 核心素養 具體內涵	A2 系統思考與解決問題 B1 符號運用與溝通表達 C2 人際關係與團隊合作
	領域 核心素養 具體內涵	數-E-A2 具備基本的算術操作能力、能指認基本的形體與相對關係，在日常生活情境中，用數學表述與解決問題。 數-E-B1 具備日常語言與數字及算術符號之間的轉換能力，並能熟練操作日常使用之度量衡及時間，認識日常經驗中的幾何形體，並能以符號表示公式。 數-E-C2 樂於與他人合作解決問題並尊重不同的問題解決想法。

學習重點		因應個案之需求調整學習重點
學習表現	s-III-2 認識圓周率的意義，理解圓面積、圓周長、扇形面積與弧長之計算方式。	調整後學習表現
		調 s-III-2-1 認識圓周率的意義，理解圓面積、圓周長。（單元 5：分解） 調 s-III-2-2 理解扇形面積與弧長之計算方式。（本單元：分解）

學習內容	S-6-3 圓周率、圓周長、圓面積、扇形面積：用分割說明圓面積公式。求扇形弧長與面積。知道以下三個比相等：(1)圓心角：360°；(2)扇形弧長：圓周長；(3)扇形面積：圓面積，但應用問題只處理用(1)求弧長或面積。	調整後學習內容
		㊣S-6-3-1 扇形面積與弧長。知道以下二個比相等：(1)圓心角：360°；(2)扇形面積：圓面積。（分解） ㊣S-6-3-2 透過圓心角占圓周角的比計算扇形面積。（分解）

教學活動設計	

學習目標	調整後學習目標（分解）
1. 理解圓周長的公式，並計算扇形之弧長。（本節）	1-1 辨識扇形為幾分之幾圓（$\dfrac{圓心角}{360°}$） 1-2 運用（圓周長×$\dfrac{n}{m}$圓）之計算方式求出扇形之弧長 1-3 了解扇形周長＝弧長＋半徑×2
2. 運用圓面積的公式，計算扇形之面積。（本節）	2-1 了解圓面積的公式 2-2 運用（圓面積×$\dfrac{n}{m}$圓）之計算方式求出扇形之面積

（續下頁）

教學活動	教學時間	調整措施	評量調整與標準
〈第一節開始〉 一、引起動機 1. 詢問學生看過的扇子樣貌（配合 ppt 呈現各式各樣的扇子）： 師：其中有一種我們在五年級曾經看過，是哪一種呢？（呈現出此圖）	2 分		
師：（打開扇子）所以這種扇子的形狀我們稱為什麼形？	2 分		1-1 辨識扇形為幾分之幾圓 （$\dfrac{圓心角}{360°}$）
2. 連結舊經驗： （1）扇形是圓形的一部分 （2）$\dfrac{圓心角}{圓周角}$＝幾分之幾的圓 （3）師：將手上的扇子攤開後，用量角器量出圓心角，並引導學生計算：		【案三】 老師起頭提示，請學生接續完成老師的說話內容。	

	案一	案二	案三	案四
目標	80%	70%	70%	90%
調整	I	I	H	I
達成				

教學 活動	教學 時間	調整 措施	評量調整與 標準
$\dfrac{120°}{360°}$（$\dfrac{圓心角}{圓周角}$）$=$ $\dfrac{1}{3}$ 圓之扇形 (4) 圓心角：圓周角的 　　比值 $=\dfrac{圓心角}{圓周角}$ **二、發展活動** 1. 布題：有一隻小螞蟻正 　在一塊披薩旁邊，牠想 　要繞這塊披薩一圈（如 　圖），牠一共需要走多 　少公分？ (1) 師：這塊披薩的形 　　狀好像跟剛剛的扇 　　形相似，要怎麼檢 　　驗它是不是扇形 　　呢？拿出半徑相等 　　的圓（原來的整張 　　披薩）與之比較， 　　發現是圓的一部分 　　之扇形：	25 分	【案三】【案二】 老師起頭提示， 請學生接續完成 老師的說話內 容。 【案三】【案二】 【案一】 根據其發表加以 修正，引導圓心 角與圓周角的比 值應為（$\dfrac{部分}{全部}$） 之概念。	

（續下頁）

教學活動	教學時間	調整措施	評量調整與標準
 (2) 發下圓形圖卡讓學生嘗試將扇形摺出來，並測量其圓心角為 90°，驗證圓心角與圓周角之比值為 $\frac{90°}{360°}=\frac{1}{4}$圓。 (3) 剪下 $\frac{1}{4}$ 圓之扇形，讓學生實際觸摸，並發表小螞蟻要繞一圈需要經過哪些線段？ (4) 學生發現要經過「2 段直線與 1 段弧線」，再將扇形放回圓中，發現 2 段直線是圓的「半徑」，而另 1 段弧線其實是「圓周的一部分。」	11 分	【案三】 拿出實體教具請學生直接操作。	1-2 運用（圓周長 $\times \frac{n}{m}$ 圓）之計算方式求出扇形之弧長 1-3 了解扇形周長＝弧長＋半徑×2

1-2 運用（圓周長 $\times \frac{n}{m}$ 圓）之計算方式求出扇形之弧長

	案一	案二	案三	案四
目標	80%	70%	70%	90%
調整	O	O	H	I
達成				

1-3 了解扇形周長＝弧長＋半徑×2

	案一	案二	案三	案四
目標	80%	80%	70%	90%
調整	O	O	H	I
達成				

教學活動	教學時間	調整措施	評量調整與標準
師：剛剛我們發現這塊披薩是圓的 $\frac{1}{4}$，現在，觀察一下這段弧線是圓周長的幾分之幾？（答：$\frac{1}{4}$） (5) 帶學生一起測量圓的半徑為 10cm、直徑為 20cm，並計算： ①圓周長： 　20×3.14 　＝62.8（cm） ②弧長： 　62.8×$\frac{1}{4}$ 　＝62.8÷4 　＝15.7（cm） ③扇形周長： 　15.7＋10×2 　＝35.7（cm） (6) 歸納算式： 「弧長＝圓周長 ×$\frac{圓心角}{360°}$」 「扇形周長＝弧長＋半徑 ×2」		【案三】 拿出實體教具請學生直接操作。 【案一】【案二】 【案四】 給予學生量角器進行測量。	 2-1 了解圓面積的公式。

（續下頁）

教學活動	教學時間	調整措施	評量調整與標準
三、綜合活動： 1. 布題：根據科學觀察螞蟻每秒鐘大約可以前進 0.2 公分，現在小螞蟻想要繞行下列的 $\frac{1}{6}$ 圓扇形蔥油餅一圈，牠大約要花多少秒的時間？ 60 度 12cm (1) 將學生進行分組：個案一＋二／三＋四 (2) 給予 2 分鐘討論並由組長（個案二／三）在小白板上計算 (3) 教師行間巡視並給予算式提示 (4) 公布正解並進行增強 2. 複習今日所學，並進行重點筆記於「潛能班數學重點筆記本」：		【案三】 拿出實體教具請學生直接操作，替學生在扇形上做出觸覺標記。 【案三】【案二】 老師起頭提示，請學生接續完成老師的説話內容。 【案一】【案二】 【案三】【案四】 1. 提示可以使用整數部分與分數部分進行約分。 2. 提示乘以 $\frac{1}{4}$ 就是除以 4 的意思。	2-2 運用（圓面積 $\times \frac{n}{m}$ 圓）之計算方式求出扇形之面積

	案一	案二	案三	案四
目標	70%	70%	70%	90%
調整	O	O	H	I
達成				

＊調整：
I 獨立完成
O 口頭提示
H 他人協助
A 使用輔具
E 其他方式

教學 活動	教學 時間	調整 措施	評量調整與 標準
「弧長＝圓周長 × $\dfrac{圓心角}{360°}$」 「扇形周長＝弧長＋半 徑×2」 3. 發下學習單 （本節課程結束）			
教學設備／資源	各式扇子、ppt、扇形圖卡、圓形圖卡、直 尺、剪刀、重點筆記本、學習單		

○○ 國小 109 學年上學期潛能班學習單

高組

數學六上－單元 6

班級：＿＿ 年 ＿＿ 班　　姓名：＿＿＿＿＿＿

壹、算算看

1. 算算看，老師繞著圓心角為 45 度的扇形公園（如下圖）慢跑，跑一圈是跑了多少公尺？

240 公尺

45 度

240 公尺

2. 根據醫學統計，每跑 1 公尺大約可以消耗 64 卡（kcal）的熱量，正在減肥的老師慢跑一圈大約可以消耗多少卡（kcal）的熱量？

○○ 國小 109 學年上學期潛能班學習單

低組

數學六上－單元 6

班級：＿＿ 年 ＿＿ 班　　姓名：＿＿＿＿＿＿＿＿

壹、算算看

1.算算看，老師繞著圓心角為 45 度的扇形公園（如下圖）慢跑，跑一圈是跑了多少公尺？

240 公尺

45 度

240 公尺

（1）直徑＝（　　　　）×2 ＝

（2）圓周長＝（　　　　）×3.14 ＝

（3）弧長＝

> 小提示　先乘除後加減

（4）扇形周長＝（　　　　）＋（　　　　）×2 ＝

> **小提示**
>
> 1. 弧長＝圓周長×$\dfrac{圓心角}{360°}$
> 2. 扇形周長＝弧長＋半徑×2

2. 根據醫學統計，每跑 1 公尺大約可以消耗 64 卡（kcal）的熱量，
正在減肥的老師慢跑一圈大約可以消耗多少卡（kcal）的熱量？

小提示

跑 1 公尺消耗 64 卡、2 公尺消耗 64×2 卡、3 公尺消耗 64×3 卡

PART 2

特殊教育
教學法與策略

Chapter **6**

智能障礙學生之教學法

　　王老師是一位國小特教班老師，她班上有八位小朋友，大多數是中重度智能障礙的學生，其中小梓是輕度智能障礙兼自閉症，有蠻嚴重的觸覺防禦問題。王老師的學校沒有資源班，小梓原本被安置在普通班，但是因為課業跟不上，上課時常呆坐在位子上，最後被轉安置在特教班。

　　由於特教班學生大部分語文程度偏低，王老師採用自編課文來上課。在王老師的觀察下，她發現小梓的語文能力其實不差，經過王老師高結構化的上課方式，很快地，特教班的國語課文對小梓來說似乎太簡單了。王老師試著拿普通班的課本來幫小梓上課，發現他其實可以上普通班的國語課程——但是他之前是被拒而轉班的啊！王老師覺得讓小梓留在特教班上國語課實在很可惜，因此她向學校申請讓小梓的國語課回原班上課，但為怕小梓再一次受傷害，因此王老師在課餘時間用直接教學法來加強小梓的識字能力，也跟普通班的老師加強聯繫與溝通，並表明如有需要，願意隨小梓入班一起輔導他。

經過王老師的努力和普通班老師的配合，小梓的國語課終於能回普通班和一般學生一起上。但王老師仍不鬆懈，每當小梓回到特教班，她還是會儘量利用時間來加強小梓的識字能力。有人問王老師說：「你是用什麼教學法呢？」王老師說：「就是直接教學法啊！」同事又問：「你這麼拼幹嘛？」王老師說：「我不想我班上孩子被退貨啊！」

問題與反思

1. 王老師是如何用直接教學法來幫助智能障礙學生增加識字能力？
2. 這個案例帶給你什麼樣的反思？

智能障礙教育的發展是所有認知障別中較為悠久，其所開發出來的教學法與策略亦呈現多元與豐富。由於智能障礙學生在注意力、記憶力、辨別力與學習態度等與一般學生存在著顯著的差異，因此智能障礙之教學法即主要針對其身心特徵而予以開發和設計。在眾多智能障礙教學法中，本章主要以證據本位（evidence-based）選取，共有三節有關智能障礙教學法的介紹、說明與應用，包括直接教學法（Direct Instruction，簡稱 DI）、工作分析法（Task Analysis）與自我決策（Self-determination）。三種教學法敘述方式則包括緣起、適用對象、適用學科領域、內容、優點、限制、應用範例與評析反思等。雖此三種教學法主要使用於智能障礙兒童，但若有此方面需求，其他障別或普通學生亦適用。

第一節　直接教學法　Direct Instruction, DI

一、緣起

　　1966 至 1969 年間由美國一位經驗豐富的幼稚園教師 Siegfried Engelmann 發展出初步的教學模式，後來又先後跟任教於伊利諾大學（University of Illinois）的 Bereiter 與 Becker 教授一起合作，將整套教學模式發展得更完整。

二、適用對象

　　智能障礙學生、學習障礙學生、低成就學生、學習困難學生。

三、適用領域

　　語文、數學。

四、內容

（一）定義：

- 教師在教學前直接分析各項教學元素，運用系統化的教學技術引導學生產生正確反應及診斷與補救措施，來提升學生的學習動機與成就。屬於**高結構化**之教學法。
- 所謂「**直接**」，就是直接告知學生要學習什麼，內容要能「現用」以及「類化」。

（二）理念：只有不會教的老師，沒有教不會的學生。

（三）理論基礎：直接教學法係主要根據**行為主義**的教學理論，

以工作分析為基礎，用編序方式設計教材，並以系統化的方式來呈現教材的一種教學法。但教學內容的組織與順序卻是採用認知學派的由概念、原理原則、認知運算至知識系統等，自簡單逐步至複雜的知識建構分析而來（盧台華，2016）。

（四）內涵：

    1. 教學設計（運用書面、小組、一定程序、監控、形成性評量等）

    2. 教學組織（每項活動儘量不超過十五分鐘）

    3. 教學技術（例如：同聲反應、清晰反應訊號、立即修正、重測錯誤題、半圓形座位安排、積分制、實物示範、舉例等）

五、優點

（一）符合個別化教學的原則。

（二）符合特殊學生的學習特性。

（三）強調形成性的評量，對學生的進步情形與學習成果給予立即的回饋。

六、限制

（一）過度簡化教學內容與教材組織，導致教學的課程內容不易有完整的概念，形成片段的知識。

（二）教師必須為教學成敗負全責，壓力過大。且在教學成果上，會受到家庭因素、社經地位及學生本身素質等因素影響，實非教師所能掌控。

（三）此教法假設學生是被動的學習個體，忽略學生主動學習的

潛能。

（四）不適用於組織較鬆散和高層次思考的學科。

（五）屬於權威式教學，對一般兒童或是領悟力高的兒童而言，此教法會抹殺其主動學習動機。

七、應用範例

範例一
語文領域 》 識字教學（畫線黑體字為直接教學法策略）
目標 》「洗手」字詞之習得

1. 老師選擇一個字「**洗**」，將此字安插於一個學生曾聽過、也知道意義的詞彙，例如「洗手」。
2. 老師將此詞彙安插於句中，如「飯前便後要洗手」。書寫於黑板或卡片上，老師**範唸**，**加重**新詞的音，新詞可用書寫或畫**粗底線**。
3. 老師把新詞寫在黑板或卡片上，請**學生說明**它的意義。
4. 老師將新字挑出，寫於黑板或卡片上，老師**範唸**後請學生唸。
5. 老師要求學生用此**字**造**詞**，再造**句**，讓學生唸二個句子，正確率達 100%。
6. 讓學生**默唸**此字，並用此字回答相關問題。
7. 老師安排不同情境及大量學習機會讓學生**練習**。
8. 使用**增強**策略維持學習行為。

資料來源：李翠玲（2001）。

範例二　**語文領域**

目標 ▶　「鉛筆」及「書本」字詞之習得

教學流程	使用 DI 之策略
一、準備活動	
1.學生依半圓形就座，皆面向教師，便於教師監控。	半圓形座位
2.教師與學生約定，若是教師提出問題，然後說「請回答」，就表示大家要一起回答。	清晰的反應訊號
3.教師隨即提供練習，指著黑板上的數字 1 問學生：「這個數字是什麼？請回答。」學生一起回答：「1。」老師：「很好。」	練習
二、發展活動	
1.教師拿出鉛筆說：「這是鉛筆。」並於白板貼上詞彙「鉛筆」的字卡與圖卡。	實物示範
2.教師說：「這個詞就是『鉛筆』，就是我們用來寫字的東西（加上寫字的手勢），現在跟著我唸一遍。」	教師示範
教師問：「這個詞是什麼？請回答！」學生一起回答：「鉛筆。」	清晰的反應訊號 同聲反應
3.教師拿出書本說：「這是書本。」教師於白板貼上另一個詞彙「書本」字卡與圖卡。	實物示範
4.教師說：「這個詞就是『書本』，就是用來讀書的東西（加上翻書的姿勢），現在跟著我唸一遍。」	教師示範
教師問：「這個詞是什麼？請回答！」學生：「書本。」	清晰的反應訊號 同聲反應

教學流程	使用 DI 之策略
5. 教師說：「還記得這個字是什麼嗎？（教師拿起字卡「鉛筆」，加上寫字的手勢）請回答！」 學生：「鉛筆。」	記憶策略 清晰的反應訊號 同聲反應
6. （教師拿起字卡「書本」，加上翻書的姿勢）教師說：「這個又是什麼？請回答！」 學生：「書本。」	清晰的反應訊號 同聲反應
7. 教師發給學生「鉛筆」、「書本」的字卡。 教師說：「現在我們來玩對對看的遊戲，如果我拿出『鉛筆』，你也要跟我拿一樣的。當我說『請回答』的時候，你就要拿出來，知道嗎？」 學生：「知道。」	 清晰的反應訊號 同聲反應
8. 教師隨機拿出一張字卡，說「請回答」後，學生拿起相同的字卡。 當學生拿對的時候，立即給予貼紙增強。	 增強
三、綜合活動 1. 教師發給學生今日的作業單。 教師說：「小朋友，還記得我們今天所教的東西嗎？這是什麼（教師拿起字卡「鉛筆」）？請回答！」 學生：「鉛筆。」 2. 教師說：「這是什麼（教師拿起字卡「書本」）？請回答！」 學生：「書本。」	 練習 清晰的反應訊號 同聲反應 清晰的反應訊號 同聲反應

（續下頁）

教學流程	使用 DI 之策略
3. 教師說：「現在注意聽我唸，當我唸『鉛筆』，你就把『鉛筆』圈起來，知道嗎？」 教師隨機唸出「鉛筆」、「書本」兩詞，學生需圈出正確的詞，完全答對的學生可以得到一張貼紙。	立即回饋 增強

範例三 **數學領域**
目標 ▶ 報讀時間／時鐘

1. 在白板上，教師畫出一個有 12 個整點的鐘。
2. 學生邊口頭說：「一點鐘、兩點鐘、三點鐘……」教師邊在鐘上寫出數字。
3. 此一教學持續兩節課。
4. 第二天教學重點為 5、10、15、……的 5 分鐘間距的教學。
5. 教師再一次使用時鐘進行 5 分鐘間距的教學。
6. 5 分鐘間距的教學持續四節課，之後開始進行最後的分之教學。
7. 分之教學持續四天。
8. 複習之前的教學，將所有教學過程完成，以使學習更紮實。

資料來源：Wieber 等人（2017）。

範例四 數學領域

目標 ▶▶ 「 ＞ （大於）」概念之習得

▶ 步驟：引導—實物示範—說明歸納—正例—反例—獨立

師：這節課要認識這個符號「＞」（教師指著黑板「＞」符
　　號），這個唸成「大於」（**範唸**），跟著我唸一次。

生：大於（**同聲反應**）。

師：「＞（大於）」是這邊（指左邊）數到的數目要多於另一邊
　　（指右邊）的數目。

　　（教師拿出 4 顆橘子放左邊，2 顆橘子放右邊，以**實物操作**）

師：來！跟著我數橘子（停三秒，指左邊）。（**正例**）

生：1，2，3，4。

師：數到多少就停了？

生：4。

師：現在來數另一邊（停三秒，指右邊）。

生：1，2。

師：數到多少就停了？

生：2。

師：這兩邊數目是不是一樣？哪邊比較多？

生：不一樣，左邊比較多。

師：因此，可以寫「大於」（指著「＞」符號）。

師：再來看這一題，現在我們數數看這邊（指右邊），準備好了嗎？（停三秒），開始數！

生：1，2。

師：數到多少？

生：2。

師：這兩邊數目是不是一樣？（反例）

生：是。

師：兩邊數目一樣，可不可以寫「＞」符號？

生：不可以。

▶ 獨立

給學生書面練習題

1　（圖）

師：大家一起指第 1 題的題號，算算看，哪邊多？（給學生六秒鐘自行數）

生：右邊。

師：可以寫「＞」嗎？

生：不行。

師：大家一起指第 2 題的題號，算算看，哪邊多？（給學生六秒鐘自行數）

生：左邊多。

師：可以寫「＞」嗎？

生：可以。

八、評析與反思

從證據本位來評價直接教學法，其有效性是相當高的。早先 Engelmann（1966）就指出超過 50 篇的研究文獻，證明教學中使用此系統性步驟的有效性；此外亦有超過 35 篇的研究比較直接教學法與其他教學法的成效，發現接受直接教學法的學生學習成就較佳（呂美娟、施青豐、李玉錦譯，2002）。如今直接教學模式超過半世紀的考驗，已有數百篇研究證實其在各類特殊學生教學上的應用成效，尤其在認知功能輕微與嚴重的智能障礙學生教學上，有相當多研究證實其有效性。此教學模式具有診療教學、工作分析及編序教學的特質，是一種相當系統化且集各家大成的教學方法，至今仍受歡迎，有時則略加調整而已。例如 Wieber 等人（2017）將其使用於時間教學，Hicks、Christopher、Rivera 與 Wood（2015）使用於方位的辨認教學等。

我國特殊教育界亦普遍使用直接教學法。在臺灣碩博士論文知識加值系統資料庫中，輸入直接教學法為關鍵詞，發現約在 2000 年即有學位論文產出，亦即廖凰伶（2000）以直接教學與全語教學對國中低閱讀能力學生閱讀理解表現之研究，結果指出

直接教學對於增進國中低閱讀能力學生之選擇式閱讀理解表現具有顯著性的效果。而在已出版論文中，近年亦不乏直接教學法論文，茲列其中三篇如表 6-1。

表 6-1　近年直接教學法（DI）介入特殊兒童之研究摘要

作者（年代）	研究對象	介入方式	研究設計	研究結果
宣崇慧、盧台華（2010）	三名國小學習困難學生	DI 教學原則	單一受試法之跨個人多試探	教學介入後，在識字與字詞造句應用上，均有正向的進步趨勢。
陳漪真、佘永吉（2018）	三名國中學習障礙學生	DI 結合繪本教材	單一受試法之跨個人多試探	教學介入後，在英語聽力、讀字與拼字具有立即成效，但在保留成效中有差異。
黃凡珊、劉明松（2021）	三名國小特教班學生	直接教學法	單一受試A-B-M 撤除實驗設計	在「看字讀音」、「聽音選字」、「詞彙認讀」、「句子認讀」等方面識字學習表現，具有立即及保留成效。

一、緣起

工作分析是屬於應用行為分析（ABA）的一個技巧，來自 1930 年代行為學派 E. L. Thorndike 應用「刺激－反應」連結原理，訓練兒童學習。強調將某項工作的基本歷程或項目依次序分化，並經由反覆練習，以增強建立其連結，最後完成學習。其他障礙類別教學法亦有融入此法，例如自閉症教學中的結構式教學法（Treatment and Education of Autistic and Communication-handicapped Children，簡稱 TEACCH）之「工作系統化」。

二、適用對象

智能障礙學生、學習障礙學生、重度與多重障礙學生、自閉症學生。

三、適用領域

生活教育、職業教育、數學等。

四、內容

（一）定義：工作分析是將複雜的技能分解成具有結構性、連續性、簡單性及較小的次級技能，以利學生操作學習。亦即將學習內容分成小步驟，再一步驟一步驟教導，最後透過串連學會該項工作。

（二）理念：工作是「刺激－反應」的連結。

（三）理論基礎：工作分析法從行為學派的觀念出發，深受系統分析與教育工學影響。

（四）內涵：

1. 工作分析的起點，一般大多自終點行為著手，做「反向連鎖」學習，例如「刷牙」，教師先教「漱口」的動作，等學生學會了，再教學生移動牙刷做「刷牙」動作。也就是說，將終點行為視為主要工作，分析達到主要工作的各種次要工作，然後再將次要工作視為主要工作，依前列方式加以分析，如此繼續不斷分析下去，直到次要工作已為學生的起點行為為止。也可從起點行為著手，進行「正向連鎖」。

2. 工作分析法可列舉達成該工作的各種行為或活動，而後分析其順序及需要性，分別教學的輕重緩急，以利教學。

3. 工作分析法通常是其他教學法的基本教學策略，如單獨使用則須採用「說明—示範—協助—自動」的四段教學法來進行教學（盧台華，2016）。

五、優點

（一）學生較容易有成就感。

（二）符合特殊學生的學習特性。

（三）對於肢體操作技能及生活自理方面教學效果較佳。

六、限制

（一）適合大班或團體教學。

（二）「部分的總和不代表整體」，不見得能完成該生的總體目標。

（三）較難應用到具有多個技能的學習活動。

七、應用範例

範例一 **生活領域**
目標 》「倒開水」技能之習得

1. 伸出右（左）手。
2. 握住水壺把手。
3. 提起水壺。
4. 倒水超過水杯一半的高度。
5. 放下水壺。

資料來源：李翠玲（2001）。

範例二 **數學領域**
目標 》看時鐘

以下是為國小低年級資源班學生所設計的工作分析評量表：「看時鐘」。

表 6-2 「看時鐘」工作分析評量表

達成與否	工作分析步驟（看幾點）	達成與否	工作分析步驟（看幾分）
☐	1. 看時鐘會先找「幾點」	☐	1. 寫完「幾點」，會知道要找「幾分」
☐	2. 找幾點會「找短針」	☐	2. 找幾分會「找長針」
☐	3. 會分辨出（笑臉）貼紙靠近哪一個數字	☐	3. 知道找幾分要看「外面（1～59）」的數字
☐	4. 知道找幾點要看「裡面（1～12）」的數字	☐	4. 寫答案「幾分」
☐	5. 寫答案「幾點」	☐	5. 會寫「幾點幾分」

範例三

生活領域

目標 》如廁訓練

　　如廁訓練可將工作分析法結合圖片兌換溝通系統（PECS）之視覺優勢原理製作「工作分析步驟圖卡」以及結構式教學法（TEACCH）之工作系統化原理製作「完成條」（或完成籃）。先將工作分析步驟圖卡貼於馬桶前側牆壁、手可以拿取得到的距離，每當學生完成一個步驟，則將該步驟卡拿下貼於另一邊「完成條」欄位上（或完成籃中），代表完成該步驟。直至所有圖卡依序拿下，串連而完成該技能。

　　步驟一：脫褲子

　　步驟二：坐馬桶

步驟三：拿衛生紙

步驟四：擦屁股

步驟五：衛生紙丟進垃圾桶

步驟六：穿褲子

步驟七：沖馬桶

八、評析與反思

工作分析法源於早期的行為學派，多用於生活訓練、職業課程等。單純使用工作分析法的研究並不多，且年代有些久遠（高桂足、吳孟恬、李慧玲，2008；Stokes, Cameron, Dorsey, & Fleming, 2004）。目前多以編序教學法方式呈現使用於數學領域，亦即依據工作分析的方法，將教材編成細目，教師依序教學，學生可依序學習並立即核對學習結果，以達到精熟學習的目標；若有錯誤發生，則提供重新學習的機會。

工作分析法也可與其他教學法併用，以達到加分的效果。盧台華（2016）指出工作分析通常是其他教學法的基本教學策略，故可配合其他教學方法來進行，如編序教學法與直接教學法等均需以工作分析為其基本要件。常使用於自閉症教學法的「結構式教學法」之「工作系統」，則是依學生能力及工作內容進行工作分析並製成不同顏色的卡片，作為學生的工作指令，告知工作的內容或規則（陳麗如，2007）。本節範例三即為工作分析法結合其他教學法應用於特殊生的如廁訓練，在教學實務上頗為實用。曾文麗（2018）利用影像提示策略和工作分析教學法來提升國中智能障礙學生餐點製備技能；黃慶齡與吳美霖（2017）則是依照學員的障礙程度將烘焙產品的製程，分割成簡單連續的小步驟，讓學員依照步驟學習、練習，同時加上增強

策略（正、負增強）與反覆練習等輔導方式，使智能障礙學生亦能勝任烘焙工作。

●●● 第三節　　　　自我決策
Self-determination

自我決策的重要

老師教我「常吃的食物」，但我從來不可以選擇要吃什麼。

老師教我「社區設施」，但我從來不能決定要到什麼地方去。

老師教我「錢幣使用」，但我從來沒有零用錢買東西。

老師教我「社會技巧」，但我從來沒有選擇交男（女）朋友的機會。

當我不能自己做決定時，學了這些又有什麼用呢？

一、緣起

自我決策發端於 17 世紀政治學，意指民族自治。至 20 世紀，此概念除影響國族自決，決策體也從國、族範疇擴至個體層面。1970 年代開始，自我決策與身心障礙者開始產生關聯，Bersani（1996）將自我決策與自我擁護（self-advocacy）同列為第三波身心障礙者運動，自我決策更成為 21 世紀最重要的議題之一。美國最早在 1997 年《身心障礙者教育修正法案》（Individuals with Disabilities Education Act Amendments，公法 105-17，簡稱 IDEA 1997）將自我決策觀念納入個別化的教育服

務中。我國於民國 87 年所頒布之《特殊教育法施行細則》（教育部，1998）第 18 條指出參與擬定 IEP 之人員得邀請學生參與，即有自我決策之意涵。

二、適用對象

智能障礙學生、自閉症學生、學習障礙學生、肢體障礙學生等。

三、適用領域

生活教育、IEP 會議與執行、數學、職業教育。

四、內容

（一）定義：主張身心障礙者具備主導自己一切生活的態度與能力，並且能在不受外在影響與干預下做選擇與決定。而智能障礙者可透過教導，使其認識自己、尊重自己，從而產生計畫與行動能力，使其能在環境生活中發展出自我做決定的能力，使其可為自己的人生負責，並致力於改善個人生活品質。

（二）理念：無自我決策，只是靜態生存，而非動態生活。我的生活我做主（My Life, My Way）。

（三）理論基礎：

1. 哲學：自我決策是尊重生命與彰顯人性尊嚴的一種觀點。林宏熾、丘思平、江佩珊、吳季樺與林佩蓁（2003）認為，尤其對於重度、極重度障礙者而言，自我擁護與決策更代表一種對生命的尊重與生活尊嚴的肯定。

2. 人本心理學：關心人的個體性與獨特性，而非以一般的

原則去解釋人類行為。Deci 與 Ryan（1985）認為「自我決策是指個體具有能力去做選擇，而這些行為並非偶發與被強化的，也不是任何外在壓力所導致，個體才是這些選擇的決策者。自我決策不單是一種能力，更是一種需求」。

3. 自我決策的理論包括動機理論、自我決策步驟理論、功能性理論、生態理論與自我掌控理論等五種，總結來看，自我決策就是個體與環境交互作用下的產物（趙本強，2011a）。

（四）內涵：

Wehmeyer（2005）指出自我決策內涵包括：

1. 自我覺知：了解自己在達成目標上所具備的優弱勢能力。

2. 心理賦權：個體相信自己能掌控環境，並根據此信念加以行動。

3. 自我調整：指一個人的行動是主動的、有計畫的、目標導向的，以及經過自我評估的。且個體能根據不同情境調整自己的行動，並理解自己行為所帶來的後果。

4. 獨立自主：指不受外在的影響或干擾，能夠內化社會的常規，並主動完成行為。

五、優點

（一）有利於以學生為中心的 IEP 擬定與執行。

（二）可以達成與普通教育接軌的目的。

（三）有助離校後的獨立自主能力與負責態度。

（四）使學生有更多機會接受更高等的教育及職業，並擁有較好

的生活品質。

六、限制

（一）中重度智能障礙者的動機若低落，則不易養成自我決策能力。
（二）自我決策課程的效果必須在自然情境中發揮才有意義。
（三）一般刻板印象認為智能障礙者沒有能力做出正式選擇與決定，因此影響自我決策推行成效。

七、應用範例

可將自我決策的教學融入日常生活與領域課程中。例如：
1. 在進行小組討論時，給予學生自己選擇組員或主題的機會。
2. 利用班會時間進行主題的討論與投票，增進學生的自我倡議能力。
3. 教導學生如何參與 IEP 會議與討論自己的個別化教育計畫（IEP）的目標。
4. 「做選擇」之教學活動，例如：決定今天要穿什麼衣服去上學、上班？今天的午餐要吃些什麼？下課、下班後要做什麼？或者設計好友生病的情境，要學生選擇適合帶去醫院探病的水果，包括蘋果、葡萄、橘子、榴槤……。
5. 「問題解決」之教學活動，例如：下雨了，怎麼辦？
6. 「Know How」之教學活動，例如：「我如何能交到好朋友？」「迷路了，怎麼辦？」「到餐廳要如何點菜？」等。

八、評析與反思

　　為數不少的研究（Bauminger & Kimhi-Kind, 2008; Cook, Gresham, Kern, Barreras, Thornton, & Crews, 2008; Milsom & Glanville, 2010）指出學習障礙與具問題行為的學生，其社會能力低於同齡非障礙同儕與手足，這些研究同時指出環境因素與背景變項在社交與自我決策扮演著絕大部分角色。因此 Wong（2003）建議教育工作者，為了讓特殊學生達到成功，就必須考量他們的心理彈性／韌力（resilience）與賦能（empowerment）框架以促進其社會技巧與自我決策行為。可見自我決策的能力是增進特殊學生發展出合宜社交互動與個人能力技能的重點，這些觀點也帶動了自我決策課程和相關實證研究的產出。

　　早在 Wehmeyer 與 Schwartz（1997）的研究即發現，比起沒有習得自我決策技能的身心障礙學生，習得自我決策技能的身心障礙學生在畢業之後更容易找到工作、離開原生家庭獨立生活。Wehmeyer 與 Palmer（2003）的研究證實，教導身心障礙學生成為好的自我決策者，可以幫助學生在教育、就業、家庭與社區生活中都能維持良好的生活品質。Wehmeyer、Palmer、Shogren、Williams-Diehm 與 Soukup（2013）以 371 位智能障礙與學習障礙的高中學生為對象進行研究，將他們分為實驗組與控制組，其中實驗組施以自我決策課程，經過三年，研究結果發現實驗組效果顯著高於控制組。隨著融合教育與身心障礙者賦權的概念興起，智能障礙者的自我決策能力日益受到重視，因此近年此一主題的研究仍舊持續受到關注（Fisher, Athamanah, Sung, & Josol, 2019; Griffin, Fisher, Lane, & Morin, 2018）。

　　我國將身心障礙者的自我決策概念引進的時間約於民國八

〇年代後期（余禮娟，1999；林宏熾，1999）。相關的研究也在林宏熾教授領導下陸續發表（林宏熾等人，2003；唐紀絜、林宏熾、林金定、陳英進、羅淑珍、簡言軒，2005；張美雲、林宏熾，2007；黃湘儀、林宏熾，2006；楊詠雯、林宏熾、林示安、周穎馨、柯馨絜，2005；董冀輝、林宏熾，2005；劉佩嘉、林宏熾，2004），使國人對身心障礙的自我決策有初步認識，尤其凸顯身心障礙青少年面臨轉銜時自我決策能力的重要性。近期則有趙本強（2009，2011a，2011b，2013）以及陳韻婷與趙本強（2011）進行一系列包含高中職以下各階段資源班以及特教班的教學實驗與調查研究，強調自我決策課程與教學的影響力與教學效果。楊秀華與林純真（2015）以自我決策教學模式實施於 13 位高三特教班學生，訪談結果顯示，自我決策教學模式提升了學生在高三就業轉銜階段於職場展現與工作相關的自我決策能力。

謝騰（2020）以文獻研究法對國內外研究進行分析，以了解「自我決策」三十年來的研究。結果發現，自我決策的研究議題主要包括「自我決策與特殊教育議題」和「自我決策動機與理論議題」；研究對象則較多關注智能障礙的學生，其次是自閉症和學習障礙學生。從研究方法來看，台灣的研究採用介入研究和調查研究的比例較高，而國外研究資料中則有一定數量的文獻回顧與分析。綜合上述，自我決策課程與研究和當今特教趨勢吻合，未來應還有一番新氣象。

Chapter 7

學習障礙學生之教學法

在張老師的教室裡，全班正一起朗讀國語課本中的一小段課文。待孩子們在段落停住的當下，張老師問：「誰能告訴老師這一段在說些什麼？」有幾位同學舉手，但只見小芳快速地低下了頭，怕老師點到她，而阿宏則是不知所措地在位子上聳聳肩，他們兩人正以肢體動作和表情告訴張老師：「我有聽沒有懂。」可是之前考過生字，他們兩人都會啊！也會跟著大家一起唸，又怎麼會有唸沒有懂呢？

班上還有一位學生阿德也讓張老師很頭痛。阿德在班上的成績較為落後，屬於低成就孩子，他很害怕被叫起來唸課文，因為他識字量少，一篇文章有八成的字不認得，拼音也有困難，唸課文時斷斷續續，吞吞吐吐，同學們在聽的時候都露出不耐煩的表情。這些挫折讓阿德很怕上國語課，張老師也很想幫他，但是他的識字能力差，更別提閱讀理解能力了。

　　這三位孩子屬於學習障礙和低成就的類型，該怎麼教才能提升他們的閱讀理解能力呢？張老師去請教資源班老師，資源班老師說：「讓我們試試看故事結構教學法和交互教學法，一起來提升他們的閱讀理解能力吧！」

問題與反思

1. 針對像小芳、阿宏這樣的學生，要如何實施故事結構教學法和交互教學法來提升他們的閱讀理解能力呢？
2. 針對像阿德這樣識字量不足的學生，要如何進行閱讀呢？
3. 這些案例帶給你哪些有關學習障礙教學策略的反思？

　　學習障礙教育的發展在所有障別中較晚被重視，但是發展卻相當迅速。學習障礙的異質性高、症狀分歧，主要在發展性與學科性的聽說讀寫算等與其他同儕有顯著差異。目前國內外學習障礙學生的出現率在所有障別中是最高的，因此相關的教學法與策略就顯得相當重要。學習障礙學生由於神經心理功能異常而顯現出注意、記憶、理解、知覺、知覺動作、推理等能力問題，以致在聽、說、讀、寫、算等學習上有顯著困難，因此主要的教學法與策略集中在學科領域。在眾多學習障礙教學法中，本章選取閱讀理解教學法中具證據本位的其中兩種——故事結構教學法（Story Grammar）與交互教學法（Reciprocal Teaching，簡稱RT）。

第一節　故事結構教學法 Story Grammar

一、緣起

　　故事結構教學法（Story Grammar 亦有學者使用 Story-map 或 Story-map Instruction 等名稱）是由 1900 年代初期人類學者分析故事寓言所演變而來，他們發現人類述說故事大多包括主角、問題或衝突、主角試圖解決的問題、經過以及結局等，這些元素被稱為「故事結構」。除了使用於語文教學與創作外，故事結構教學法也應用於學習障礙領域，以幫助提升閱讀理解能力。

二、適用對象

　　學習障礙學生、普通學生、低成就學生、聽覺障礙學生、自閉症學生、智能障礙學生等。

三、適用領域

　　語文（閱讀理解）。

四、內容

（一）定義：強調故事主要元素與故事結構的一種理解策略，且使用圖或表呈現，使閱讀時能及時掌握架構內容，是教導閱讀理解時經常使用的方法。

（二）理念：分析文章結構元素來增進閱讀理解。

（三）理論基礎：故事結構和認知心理學的基模（schema）理論有密切關係（王瓊珠，2004）。Richgels（1982）指出

基模是一種知識的結構，這個結構連結了與學習相關的所有知識，所以基模可以用來描述整個理解的學習過程。

（四）內涵：

1. 基本的結構元素包括：主角、情境（時間、地點）、主要問題（或衝突）、問題解決經過、結局與啟示或反思。這些元素可視故事內容或文化背景做刪減，例如印地安故事通常沒有結局。

2. 表現形式：表格化或圖示法。圖示法可使用故事臉、故事屋、故事花、心智圖、故事地圖等。

3. 素材可取自課文、課外讀物、繪本等。

4. 教學流程包括示範、引導與獨立（測驗）等三階段。

5. 有效的故事結構教學原則：（1）直接教導明確的故事結構策略；（2）逐步引導學生學習故事結構策略；（3）圖示故事結構；（4）口語與書寫的訓練（王瓊珠，2010）。

五、優點

（一）可發展學生內在語言，促進口語敘事及表達能力。

（二）促進自我監控技巧。

（三）讀寫合一，可同時訓練閱讀與寫作的能力。

六、限制

（一）針對識字量不足學生，應再加上識字課程為宜。

（二）認知能力差的學生會頗感吃力。

（三）除了記敘文與故事型態之外，其餘文體並不適用。

（四）對有書寫困難和缺乏耐心者實施困難。

七、應用範例

範例一
語文領域
◆ 透過「故事結構表」分析一篇文章

（一）摘錄《李時珍的中草藥筆記》（中卷）的〈燈芯草〉一文
內容（原文稍長，略微改寫縮短）

燈芯草

漢朝李時珍因醫術高明被稱為神醫，有一天他和徒弟龐憲到野外採藥，天色已晚，便借宿一戶民家。半夜，他被急促敲門聲吵醒，開門見借住人家的婦人哭著說：「神醫，救救我兒啊！」李時珍便披件外衣，隨該婦人到她兒房，見小孩哭啼不止，眼部與雙腳水腫。

李時珍用手壓小孩皮膚，即下陷成小窩，他即有判斷。他叫徒弟龐憲拿來一種水生植物，對婦人說：「別擔心，只是水腫，未蔓延全身，不算嚴重。你取這種水生植物五錢，煎水，分兩次給小孩喝，就會好。」果然，照李時珍的用法，小孩水腫消退了。

該水生植物即為燈芯草，燈芯草不但是古時候用來點燈的燈芯，同時也有消水腫之藥效。

資料來源：謝宇、裴華主編（2021）。

（二）透過「故事結構表」分析〈燈芯草〉故事結構元素如下

表 7-1　　〈燈芯草〉故事結構表

主角 （及主角特點）	李時珍 （醫術高明）
情境	野外採草藥，天色已晚，借宿民家
主要問題	該戶人家小孩水腫
問題解決 經過	1. 李時珍借宿之婦人哭求他救小孩。 2. 李時珍診治小孩發現水腫情形。 3. 他請徒弟拿草藥，此草藥為燈芯草。 4. 請婦人熬藥給小孩服用。
結局	最後小孩水腫退了。
啟示	1. 要聽從醫生囑咐服藥。 2. 醫生除了要有智慧找出病因與對症下藥外，也要以同理心安慰病人家屬。 3. 李時珍當機立斷與冷靜沉著，值得學習。 4. 舉一反三，下次我有水腫症狀時，或可嘗試喝燈芯草。

（三）命題（問答方式）

1. 這則故事有幾個角色？
2. 李時珍為何要借宿民家？
3. 婦人為何半夜敲李時珍的房門？
4. 李時珍拿什麼來治療水腫的小孩？
5. 最後小孩的水腫退了嗎？
6. 這個故事帶給你什麼樣的啟示？

範例二　**語文領域**
◆ 以「故事臉」進行故事結構教學

Idol（1987）將故事圖融入故事結構教學，實施流程為：

1. 示範：（1）學生朗讀故事；（2）教師展示故事圖；（3）教師於故事圖上寫下答案，學生跟著書寫在自己的故事圖上；（4）教師依故事圖提問。

2. 引導：（1）教師詢問相關問題，小組共同討論答案；（2）教師將正確答案寫在故事圖上，學生修改自己的故事圖。

3. 獨立：學生自己閱讀故事，並使用故事圖理解文意，教師再批改作業。

「故事臉」是常用的故事圖樣式之一，透過故事臉融入「故事結構教學」，可增進學生閱讀理解能力。故事臉相關文本選擇、構圖元素與學習單設計的內容與重點如下：

1. 選擇文本：教師可從課本、課外讀物選一篇記敘文，也可自編，該記敘文要包含主角、背景、問題、事情經過、結局等。如該故事有隱含寓意，則可再加上「啟示與反思」，或「啟示」即可。

2. 故事臉構圖元素：臉部五官含主角、背景、問題、事情經過與結局、啟示等要素。教學時則可參考 Idol（1987）的實施流程。故事臉架構如圖 7-1。

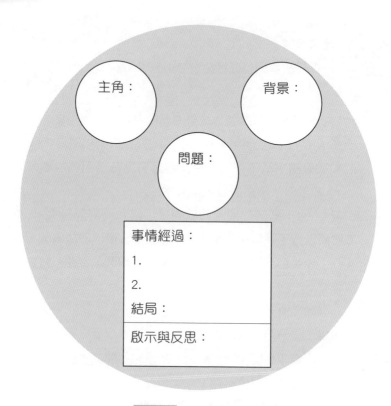

主角：

背景：

問題：

事情經過：

1.

2.

結局：

啟示與反思：

圖 7-1 故事臉架構圖

3.故事臉學習單：教學後，教師可根據故事臉架構設計多層次的
故事臉學習單，供不同程度學生填寫故事結構元素內容，完成
個人的故事臉。

八、評析與反思

將故事結構使用於閱讀障礙教學中的研究首見於 Idol
（1987），他的研究對象為 27 位小三和小四學生，其中包含 5
位學習障礙和低成就學生，此研究利用故事圖教導故事結構元

素，結果發現實驗組和 5 位特殊生的能力皆有提升。之後的研究多聚焦於學習障礙學生閱讀理解能力的提升（Gambrell & Chasen, 1991; Gardill & Jitendra, 1999; Kuldanek, 1998; Newby, Caldwell, & Recht, 1989）。故事圖使用的階段從學前、國小延伸到國中階段，Boon、Paal、Hintz 與 Cornelius-Freyre（2015）檢視 12 篇自 1975 到 2015 年以故事圖增進國中閱讀障礙學生閱讀理解能力的實證研究，結果發現故事圖確能增進國中學習障礙學生的閱讀理解能力。除學校外，也使用於家庭之親子共讀（Breit-Smith, Kleeck, Prendeville, & Pan, 2017），可見目前國外的故事結構教學法及故事圖使用對象與範圍有擴大趨勢，愈加受到重視。

國內由於資源班越設越多，學習障礙人數也已經占身心障礙學生的首位，因此增進閱讀理解能力的教學策略就顯得相當重要。1999 年，黃瑞珍即介紹故事結構教學法於語言學習障礙兒童教學之應用（黃瑞珍，1999）。之後的研究多為未出版學位論文或改寫之學位論文再與指導教授共同發表者。黃瓊儀（2012）分析台灣自 2002 至 2011 年採用單一受試實驗設計的國中小閱讀障礙學童閱讀教學研究，在 26 篇研究中共有 6 篇屬於故事結構教學法，並可達到中等以上效果量。謝進昌（2015）發現就國內現行研究證據顯示，故事結構教學具中等的成效，但由於其間可能潛藏年級間調節效果，使得此策略所適用的最佳教學情境仍待進一步研討。

第二節　交互教學法
Reciprocal Teaching, RT

一、緣起

交互教學法（RT）是由美國加州柏克萊大學 Brown 教授和密西根州立大學 Palincsar 教授於 1984 年所提出的閱讀理解教學法。強調透過對話與互動方式提升閱讀理解能力，至今仍廣受重視與採用。

二、適用對象

學習障礙學生（低閱讀能力者、閱讀障礙者）、學科低成就學生、聽覺障礙學生、智能障礙學生。

三、適用領域

語文（主要）、社會、自然。

四、內容

（一）定義：以教師與學生之間的對話及學習責任的逐漸轉移來進行教學。在教學過程中使用包括預測、提問、澄清與摘要等四種閱讀理解策略來訓練學生學習閱讀，以提高學生自我監控和理解文意。

（二）理念：師生「對話、互動、策略」。

（三）理論基礎：

1.人本心理學：人本心理學強調個人的尊嚴與價值，把個人視為正在成長中的機能整體，應使其在適當的情境

中，不斷謀求自我的充分發展。交互教學法在師生互動
與角色互換過程中，達到閱讀理解之目的，可說是針對
學生的需求設計課程而達到自我的成長，因此有一說稱
交互教學法植基於人本心理學。

2. 建構主義：根據 Vygotsky 建構主義之近側發展區
（zone of proximal development，簡稱 ZPD）、專家鷹
架（expert scaffolding）與預期教學（proleptic teaching）
三種學習理論的概念所設計，以增進閱讀理解能力的教
學法。

其實，在目前交互教學法最早的文獻中（Palincsar,
1982），Palincsar 並沒有提到 Vygotsky 的任何理論，
反而是引述了不少當時興盛的認知策略教學研究，
Rosenshine 與 Meister（1994）於是猜測，Palincsar 是
在初期的教學實驗成功後，才從 Vygotsky 的學說裡找
到解釋教學之所以有效的依據。

（四）內涵：

1. 學生學習應用下列有效的閱讀策略：

- 摘要（summarizing）：教師以文章各部分重點所組
  成的摘要，鼓勵小組討論，以檢視是否了解文章；也
  可用概念圖或心智圖來幫助擷取文章重點。

- 提問（question）：教師提出和內容相關的問題，鼓
  勵小組回答，並分享在閱讀時所發現的其他問題。可
  提供「6W」提問策略，根據文章提出疑問時，儘量
  採用開放性的問題，避免封閉性的問題。

- 澄清（clarifying）：教師或領導者主導討論，透過教
  學者與學習者間的互動，採取適當的解決方法，以澄

清不清楚或混淆的觀念。

- 預測（prediction）：預測標題或下一段文章內容為何，並選擇一位學生擔任「引導者」。

在教學時，先教導學生四種閱讀策略，再進行閱讀教學。在閱讀歷程中，師生運用上述四種閱讀理解策略進行教學；師生可先默讀或朗讀一段文章，然後根據該段內容提出問題，建構摘要，並且澄清問題，之後預測下一段文章內容。這四種策略使用時並沒有一定的順序。

2. 特色：此法不強調教師的解說，而是強調師生共同建構文章的意義，以「對話」結構與「交互」作用增進學生的參與，讓不同能力階層學生之間透過相互關係促進學習，逐漸達到理解文意。

3. 兩種模式：

- 簡單交互教學法（Reciprocal Teaching Only，簡稱 RTO）。為 Brown 與 Palincsar 在 1984 年所設計出來的教學法。所有的示範和教學都是透過對話，強調如何發展和運用四項策略，但不特別強調個別策略的教導。在運用四個策略教學前並無任何提示，是直接透過對話教學給予學生程序上的提示與示範，經由師生、同儕間的對話方式來提升與監控閱讀理解。等到學生能活用此四種策略時，即將整個閱讀理解與記憶的活動交由學生獨立完成。

- 明確交互教學法（Explicit Teaching before Reciprocal Teaching，簡稱 ET-RT）。先指導四個策略的應用，學生在閱讀文本練習後先應用單項策略，再進行四個策略的同時應用，此模式可以避免閱讀時的混淆。

五、優點

（一）能幫助閱讀障礙與低成就學生增進閱讀理解能力。

（二）以正向及肯定的態度來指導學習者，在師生或同儕互動中不只獲得知識上的鷹架協助，更獲得彼此感情上的支持及交流，促進人際關係。

（三）四個策略運用容易，可遷移到其他學習。

（四）能在有限的時間內兼顧閱讀學習策略與閱讀學習習慣，有利於閱讀障礙學生。

（五）在交互教學法的環境中，學生較願意發表自己的想法與看法。

六、限制

（一）強調師生同儕互動，以小組方式進行，人數太多時進行會有困難。

（二）比傳統教學費時，且需長時間才看得出效果。

（三）師生輪流擔任對話領導人，因此學生會感到比較大的壓力。

（四）領導的學生如經驗不足，難以從提問再延伸思考、引導團體進行。

（五）對解碼有困難的智能障礙學生或個性內向學生實施會有困難。

七、應用範例

範例一
語文領域
◆針對學生日常生活的不同面向，在語文領域進行四種閱讀理解策略

文本如下（自編）

上個星期日，小文跟媽媽去花市，看到一隻狗躺在馬路邊，牠身上的毛打結，看起來很久沒有洗澡了；牠的身體瘦到皮包骨，好像很久沒有吃東西了。小文覺得這隻狗好可憐，他問媽媽說：「我們帶牠回家養好嗎？」媽媽有點猶豫地說：「我考慮一下，等我們逛完花市再決定。」但是等他們逛完花市，那隻狗就不見了。

（一）摘要

師：讀完這段文章，用兩句話說明這篇文章的重點是什麼？

生：小孩想要養在花市看到的那隻狗，但是後來牠卻不見了。

（二）澄清（解決問題）

師：如果你的錢包不見了，要用什麼方法找到它？

生1：仔細回想今天我所去過的地方，然後到那些地方找找看。

生2：想想看我最後一次拿出錢包是在哪裡和什麼時候。

生3：我拿出錢包時，爸爸媽媽有看到，我可以問問他們。

生4：調監視器看看。

（三）提問

師：如果你沒有抄到聯絡簿，要打電話問同學，要怎麼問呢？

生：我會問同學有沒有抄到聯絡簿，如果有，就請他唸給我
　　聽。

（四）預測

師：猜猜看，如果你今天忘記帶便當，可能會有什麼樣的後
　　果？

生：就餓肚子，下次就會記得。

範例二　　**語文領域**
　　　　　◆ 針對一篇文章進行交互教學法

半邊蓮

　　從前有個小山村，村中有戶姓歐陽的人家生了五個女兒，從小
就跟父親習武，練了一身的好武藝。姊妹們平常喜穿紅衣，頭上插
著淡紅小旗的髮簪，英姿煥發，因此村裡的人都稱她們為紅衣五姊
妹。盜賊聽說紅衣五姊妹會舞刀弄槍，也都不敢來小山村騷擾。

　　有一年旱災，糧食欠收，到處都是飢民，盜匪活動日益猖獗。
有天傍晚，一夥匪賊突然闖進小山村，見人就殺，看到值錢的物品
就搶。五姊妹見狀，率領村中青年迎敵，那紅衣赤旗所到之處，眾
賊望風披靡，抱頭鼠竄。盜賊首領惱羞成怒，召集其餘人馬將五姊
妹圍困在後山上。突然間烏雲驟起，滿山遍野好像有許多小紅旗，
迎風飄揚，產生巨大聲響，盜匪們一個個嚇得要死，全部都迷失了
方向，失足摔死在斷崖下。

> 　　從此小山村恢復平靜，但再也沒見到紅衣五姐妹了，只見後山
> 上，遍地長著一種奇異的小草，開著五瓣一組的淡粉紅色小花，很
> 像只有半邊的小蓮花，人們便把這花稱為「半邊蓮」。大家都說，
> 這是紅衣五姊妹為他們留下來的，人們拿這「半邊蓮」外敷，可以
> 治療刀傷、腫毒。
>
> ──────────
> 資料來源：陳增智（2008）。

　　進行方式：教師選出一篇短篇故事，例如「半邊蓮」，師生分段
閱讀完後，教師列出含摘要、提問、澄清、預測等基本交互教學法策
略問題，如有需要再加上「分享」策略。每種型態各提出一至三個問
題，請學生試著分類並回答。教師在過程中針對學生不清楚的部分加
以指導，之後也請學生練習提問讓其他同學回答。

（一）摘要

　　　1.師：讀完第一段文章，請你們進行摘要。

　　　　生：五姊妹武功高強，盜匪平時不敢騷擾。

　　　2.師：讀完第二段文章，請你們進行摘要。

　　　　生：旱災造成缺糧，盜匪搶糧，五姊妹迎戰。

　　　3.師：讀完第三段文章，請你們進行摘要。

　　　　生：五姊妹消失後，出現了半邊蓮。

（二）提問

　　　1.師：為何小山村的人都稱歐陽五姊妹為「紅衣五姊妹」？

　　　　生：姊妹們平常喜歡穿紅衣服，頭插淡紅髮簪，因此人稱紅
　　　　　　衣五姊妹。

　　　2.師：「半邊蓮」長什麼樣子？

　　　　生：半邊蓮是五花瓣小花，很像半邊的小蓮花。

3.師：「半邊蓮」有什麼療效？

生：半邊蓮可以治刀傷與腫毒。

（三）澄清

1.師：對於這篇文章還有沒有不懂的地方？

生：什麼叫做「望風披靡」？

師：望風披靡……（解釋「望風披靡」的意思，加以澄清）

（四）預測

1.師：你認為半邊蓮是什麼的化身？

生：半邊蓮是紅衣五姊妹變的。

2.師：半邊蓮是什麼樣的植物？

生：半邊蓮是有五片粉紅花瓣的水生植物。

（五）分享（除以上四個策略，如有需要可加上「分享」策略）

1.師：聽完這個故事，你有什麼感想？

生：我覺得……

2.師：你有其他水生植物的故事可以分享嗎？

生：沒有。

八、評析與反思

交互教學法最早由 Brown 與 Palincsar（1984）針對七年級解碼能力佳、但理解能力差的學生進行教學，結果顯示實驗組在「摘要策略」、「提問策略」上的品質有所改善，且在閱讀理解的表現達持續及遷移的效果。Palincsar 又於 1987 年針對參加閱讀補救教學的學生進行該項教學法，結果顯示實驗組在「閱讀理解測驗」和「摘要測驗」上表現皆優於控制組。交互教學法的實證研究地位逐漸確立，也開始受到學術界教學實務的重視與引用，至今仍廣受歡迎，且加入相關支持後延伸至其他障別。

有鑑於自閉症學生對於閱讀理解的困難，Turner、Remington 與 Hill（2017）用交互教學法（RT）加上視覺輔助與附帶支持系統介入 29 位泛自閉症 11 至 15 歲國中生，分為實驗組與控制組進行，結果發現實驗組的閱讀理解能力優於控制組，且此項技能可以學習遷移至其他學科，同時也可以增進說話和傾聽的技能。

國內目前以交互教學法應用於改善閱讀理解困難學生的研究論文超過 30 篇，尤其廣受實務教師歡迎，不但使用於普通教育的普通學生語文領域課程或低成就學生，也使用於特殊教育，特別是協助學習障礙學生增進其閱讀理解能力。

在特殊教育的實證研究上，歸納發現主要使用於學習障礙學生的交互教學法雖有論文數不少，但大多為將學位論文改寫並與指導教授共同發表（李姿德、李芃娟，2003；李麗貞、王淑惠，2008；林佩欣、周台傑，2004；羅碧媛、唐榮昌，2014），其他大多為未出版之學位論文研究，論文內容的差異性也不大。

在交互教學法效果部分，黃瓊儀（2012）蒐集 26 篇針對閱讀障礙學童的閱讀教學研究，針對各種閱讀理解策略進行效果量研究（其中 7 篇為交互教學法之論文），結果發現其效果值達到中等以上效果量，顯示交互教學法在增進學習障礙學生的閱讀理解方面成效不錯。謝進昌（2015）採用實徵研究的最佳證據整合觀點，累積及整合國內研究共 57 篇有關中文閱讀理解策略論文，結果發現就國內現行研究證據顯示，交互教學對學生閱讀理解具有不錯的教學成效。

對不習慣把策略想法說出來的國內教師來說，交互教學法是個挑戰，因為這可能造成學生由教師示範中知道有某一種策略，卻無法得知為什麼及何時去使用（柯華葳，2010）。雖然交互教學法強調師生互動與角色互換，但也可能一直由教師主導，或

一直由某些同學問問題，這樣就失去使用交互教學法的目的，因此相關因素也應同時考量進去以做調整。

Chapter 8

自閉症學生之教學法

　　郭老師是一位經驗豐富的資深特教班老師，以往她班上所收的學生主要以智能障礙類別為主。郭老師很會做教具，她會將每一課的國語課文製作成課文海報，課文裡相關的生字生詞都有多層次的插卡設計，不同程度的特教班學生運用她設計的課文海報操作過程，再搭配她擅長的直接教學法，上課氣氛熱絡，效果也相當不錯，因此她的教學與班級成為大家觀摩取經的對象。

　　今年李教授也準備帶即將修習特殊教育實習課程的師資生到郭老師班上觀摩教學，但是在電話聯絡過程中，郭老師為難地說：「今年我班上進來的幾乎都是自閉症學生，沒有溝通能力，上課也沒什麼反應，以往我的那一套似乎都沒效了，不太敢給你們看，再給我一點時間，我來蒐集看看有什麼有關自閉症的教學法。」李教授說：「你可以試試看 TEACCH 和 PECS，這些是專為自閉症孩子設計的、溝通方面的教學法。」

　　郭老師即開始蒐集有關 TEACCH 和 PECS 的資料，並為班上每一位自閉症學生設計 PECS 溝通本，班級的作息表和環境也根據 TEACCH 結構化的原則重新布置，慢慢地，郭老師發現這些自閉症學生的主動溝通意願提升了，班級秩序也逐漸上了軌道。一個半月後，李教授又打電話來問：「可以讓我們去觀摩了嗎？」郭老師說：「可以了！」

問題與反思

1. 郭老師如何在她的班上實施 TEACCH 教學法？
2. 郭老師如何為她班上的自閉症學生設計 PECS 溝通本？又如何使用以引發出自閉症學生的溝通能力，以利教學？
3. 這個案例帶給你什麼樣的反思？

　　早在 1945 年，Kanner 醫師根據其門診觀察歸納出自閉症孩童的特徵，自閉症就成為特殊兒童之一類，近年來定義範圍更逐漸擴大為自閉症光譜或泛自閉症障礙（autism spectrum disorders，簡稱 ASD），亞斯伯格症（Asperger syndrome，簡稱 AS）、雷特氏症（Rett syndrome）、兒童期崩解症（childhood disintegrative disorder，簡稱 CDD）皆包括在內，有時也稱廣泛性發展障礙（pervasive developmental disorder，簡稱 PDD），均主要指幼兒自閉症。自閉症原有的三大特徵也細分成五大特徵：社會互動、語言溝通、行為、認知等能力低下與共病。但自閉症者也存在著視覺方面的優勢，因此自閉症教學法即主要針對其優勢能力與身心缺陷特徵予以開發和設計。本章以證據本位為基礎，選擇三種有關自閉症教學法的介紹與使用說明，包括結構式教學法（TEACCH）、圖片兌換溝通系統（Picture Exchange

Communication System，簡稱 PECS）與社會故事（Social Story）。
除此外亦有促進溝通（facilitated communication，簡稱 FC，又
稱打字溝通法）、應用行為分析（ABA）、充電卡策略（Power
Card）與地板時間（Floor Time）等其他策略之簡要說明。實際
教學現場所使用的自閉症教學法有時仍須視狀況混合使用，教學
法會互相影響而有連動效果。

第一節　結構式教學法　TEACCH

一、緣起

　　美國北卡羅萊納大學 Eric Schopler 與 Gary Mesibov 教授
歷經多年教學經驗，從 1966 年開始，帶領團隊進行兒童研究計
畫，蒐集直接的實證資料，積極整合處遇及研究。1972 年 Eric
Schopler 正式成立此法，針對自閉症及溝通相關障礙兒童介入與
教育，並予以積極推廣，至今 TEACCH 在特殊教育領域之應用
十分普遍，尤其是對自閉症及具有溝通問題學生的教學。

二、適用對象

　　自閉症學生、溝通障礙的學生。

三、適用領域

　　班級經營、語文、生活訓練。

四、內容

（一）定義：結構式教學法是專為自閉症兒童設計的課程與教學。運用自閉症兒童的學習特徵，如重複、固著的行為習慣，透過結構化的學習環境、有系統的教學法，以及自閉症學生在視覺處理上的優勢，來提升孩子的能力。

（二）理念：

1. 以特殊需求為本位：自閉症學生在組織與規劃、聽覺處理、注意力、跨情境之記憶力方面常有相當的困難，因此針對其特殊需求，把空間、人力、物力等做結構性安排，以幫助其學習。

2. 符合自閉症者的文化：尊重與理解自閉症者特性所做的教學設計。

3. 從個案的優勢著手：自閉症者的優勢能力為視覺，故相關設計主要以圖像為主。

4. 促進個案適應環境：根據個案的技能和需求來設計不同環境，以促進個案的環境適應。

（三）理論基礎：尊重自閉症者獨特的「文化」哲學觀，以其優勢與弱勢特質設計教學，教師的角色為「跨文化」的詮譯者。

（四）內涵：

1. 物理環境結構化（physical structure）：空間安排明確，劃分教學區，例如：個別學習區、團體學習區、轉換區及休息遊戲區，並考量自然情境減少視聽覺干擾。

2. 作息結構化（schedule）：將每日學習活動順序以視覺化呈現，幫助學生了解各項學習活動的進行，建立對各

項活動的預期與規律。

3. 工作系統化（work system）：提供個別化的作業系統，讓學生知道要做什麼、要做多少、如何知道做完了、做完了以後要做什麼等。教師可將活動以工作分析方式圖解，並遵循由上而下、由左到右、先工作再玩的原則，最後用「完成」（例如完成籃）概念，結束工作。

4. 視覺結構化（visual structure）：包括視覺清晰（例如：把杯子放在畫有杯子形的紙上）、視覺組織（教具櫃分門別類並貼上照片）、視覺步驟指引（黑板上的工作流程圖）。

五、優點

（一）注重個別化教學，是一種因材施教的方式。

（二）增加對環境的理解。

（三）增加情緒的穩定性並減少焦慮。

（四）增加主動性與獨立性。

（五）改善自閉症學生的專注力與行為管理能力。

六、限制

（一）學生類化至日常生活不易。

（二）教師需費時製作相關教材教具。

（三）結構式教學法強調獨自學習，較缺乏與人互動的機會。

七、應用範例

　　Frank 是舊金山一所幼兒園裡附設特殊幼兒班級的教師，班上有一半的幼兒是自閉症，其他則是低口語溝通能力的重度智能障礙幼

兒。Frank 老師採用 TEACCH 教學法，所採用之設計如下：

1. 物理環境結構化：將教室劃分為三大活動區類型，包括：
   大團體區（Circle Time），以便進行團體的活動；小組區
   （Activity Area），以便進行美術活動、遊戲活動和點心時
   間；個別工作區（Individual Task），安置學生的個人櫃子與
   進行個別手部精細動作訓練。見圖 8-1。

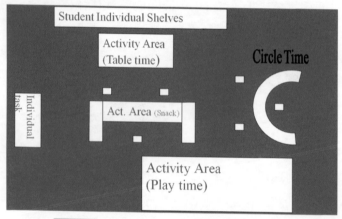

圖 8-1　　Frank 老師的教室環境結構化設計

資料來源：李翠玲拍攝。

2. 作息結構化：將該班的作息表製作成課程圖卡，當上該課程時
   將圖卡黏貼於白板上，直到該天所有課程結束。該天課程結束
   時，請幼兒將圖卡依序拿下，收好置入完成箱，代表結束。見
   圖 8-2。

3. 工作系統化：班上幼兒各有代表的動物圖案，且均有實物、色
   彩、或數字順序，讓幼兒了解依項目進行次序，並以黏貼條或
   完成籃進行與完成該工作項目。見圖 8-3。

圖 8-2　Frank 老師將設計的作息結構化

資料來源：李翠玲拍攝。

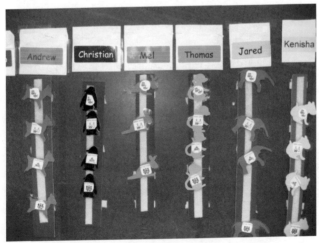

圖 8-3　Frank 老師設計的個人工作系統

資料來源：李翠玲拍攝。

4. 視覺結構化：班上幼兒的個人置物櫃均有明顯圖案以供區分，排隊時也提供清晰明確的個別化腳印設計，以供視覺指引。見圖 8-4。

圖 8-4 Frank 老師設計的視覺結構化

資料來源：李翠玲拍攝。

使用 TEACCH 教學法時，教師須先將教學內容事前組織，並需仔細安排教學空間、學習步驟與時間、作業流程、視覺線索等四種結構。然而並非所有學生都需要完整的四種結構，教師應視學生的需要與程度，擇一、擇二或擇三結構化，學生若能逐漸獨立學習，所需的結構與視覺線索就要逐漸減少。

八、評析與反思

TEACCH 教學法自 1966 年開發以來已經超過半世紀，國際所累積的書籍、報告與實證研究論文為數不少，除學校使用外，近年來也擴及至融合情境與家庭場域（Panerai et al., 2009; Turner-Brown, Kara Hume, Boyd, & Kainz, 2019），使用的主

要對象除幼兒和兒童外，也擴及至成人看牙醫等（Orellana, Martinez-Sanchis, & Silvestre, 2014），至今未衰，對此教學法之原有限制也不斷調整修正。Mesibov 與 Shea（2010）回顧 TEACCH 的介入療效，即指出 TEACCH 為具實證研究基礎之 ASD 綜合性介入模式。

在我國 TEACCH 的相關研究資料方面，首先由楊碧桃（1996）使用結構式教學法於國小啟智班，1998 年王大延與莊冠月之研究成果則見於其國科會專案報告中（王大延、莊冠月，1998），林淑莉與胡心慈（2013）則由教師執行之結構化個別工作系統訓練方案對特幼班兒童主動行為的影響，結果發現所有參與兒童的主動行為經訓練後，皆呈現進步的情形。其他的研究均屬於學位論文。過往有較多研究關注結構化教學中時間和空間的結構化，後來則把研究焦點放在工作系統結構化之應用效果的探究上（林淑莉、胡心慈，2013）。整體而言，TEACCH 教學法在我國的實證研究較為零星，且多屬於學位論文。

● ● ● 第二節　**圖片兌換溝通系統**
PECS

一、緣起

由美國 Bondy 與 Frost 於 1985 年提出，1994 年確定其證據本位的教學法，主要運用於 Delaware Autistic Program 所發展出的溝通訓練系統，包含訓練手冊、錄影帶／DVD、圖片軟體、教材和溝通簿，由美國 Pyramid Educational Products 發行。目前廣為各國使用。

二、適用對象

自閉症學生、發展遲緩學生或其他社會溝通障礙學生。

三、適用領域

語文、生活課程、班級經營、IEP。

四、內容

（一）定義：利用圖片、圖卡和兒童喜好的增強物，藉由用圖
　　　片、圖卡來兌換物品，漸進到以句型來表達需求或想法，
　　　以達到與人溝通之目的。

（二）理念與理論基礎：PECS 乃依照正常兒童的發展順序為基
　　　礎。孩子要先學會一些溝通的基本原則，再學習如何和他
　　　人溝通傳遞某種訊息。孩子在開始時會藉由圖卡來傳遞訊
　　　息。此法應用行為學派的許多行為改變技術原則來教導學
　　　生使用這個溝通系統，例如逐漸消退、連鎖化。

（三）內涵：訓練過程可分為六個階段，進行方式由一位教學者
　　　坐在自閉症學生前面，另一位坐在學生後方協助。

- 階段一（建立交換原則）：教學生以一張圖片／圖卡來
　交換一個想要的物品（近距離）。

- 階段二（引發主動性）：教學生從一塊板子上取下他所
　要物品的圖片／圖卡，然後將此圖片／圖卡交給老師
　（拉大距離）。

- 階段三（分辨圖片／圖卡）：當學生喜歡的東西的圖片／
　圖卡與他不喜歡的東西的圖片／圖卡並列在一起時，教
　學生能選出他喜好東西的圖片／圖卡。

- 階段四（需求句型）：教學生以「我要……」的字詞應用圖片／圖卡來造句。
- 階段五（嘗試造句）：當學生被問「你想要什麼？」時，學生應用圖片／圖卡自己造句。
- 階段六（發表看法）：教師引進「你看到什麼？」「你有什麼？」以及其他類似的問題，並鼓勵學生就他們的環境發表看法。

五、優點

（一）學生不需先具備特殊基本能力（如手語）。

（二）導引出主動溝通意願。

（三）著重功能性溝通，有利學生與生活環境的互動。

（四）溝通圖卡與溝通本可自製，且方便攜帶，可適用於各種情境。

六、限制

（一）需具備溝通本製作技能才能執行。

（二）如無法找出學生的增強物，則難以執行。

（三）學生認知能力若無法理解「兌換」的原則，則難以執行。

（四）較為複雜高層次語文表達難以透過圖片傳達。

七、應用範例

範例一 PECS 融入教案

（一）單元名稱

我要吃點心

（二）教學對象

小明、小英、小華、小昌

（三）設計老師

李老師

（四）教學資源

PECS 溝通圖卡（icon）、溝通本、餅乾、洋芋片、蛋糕、葡萄乾、開水、飲料、四個碗、四個茶杯、一個托盤

（五）教學目標

1. 能選擇要吃的點心。

2. 會運用 PECS 圖卡要點心吃。

3. 能唸出 PECS 圖卡中的字。

4. 能增進社交能力。

（六）教學活動

1. 老師將「餅乾、洋芋片、蛋糕、葡萄乾」等四種點心裝在碗中，擺在托盤上，並拿出對應圖卡（配對），邊展示點心，邊唸出圖卡中的名稱，如：「這是蛋糕。」並要學生跟著念。

2. 老師將裝有四種點心的托盤推到學生面前問：「你要（吃／喝）什麼？」學生如能說出，則將點心放在學生的盤子中；

學生如不能說出，則由他自己挑出想要吃的點心，老師引導他將該樣點心的圖卡黏在溝通條上交給老師，得到食物（選擇適合學生個別能力的 PECS 階段執行）。

3. 四位學生輪流做，直到所有點心分完，再用「開水與飲料」的圖卡與飲料進行教學（兌換）。

4. 飲料分完，由老師分派小老師（小幫手）將餐具收到水槽準備清洗。

（七）教具

1. 以 PECS 溝通圖卡排成句子條範例：

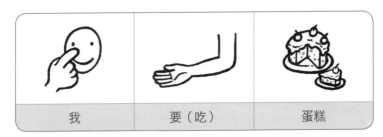

2. 四種點心擺置圖：

範例二　PECS 融入 IEP 中

　　Frank 老師將 PECS 的各種階段別學習內容融入 IEP 的撰寫中。以下是針對學前階段重度自閉症且無語言能力的四歲幼兒福特的 IEP 內容：

（一）IEP 之學生現有能力表現與特殊需求

表 8-1　以 PECS 融入 IEP 之能力現況寫法

個案	學業／功能性	行為	溝通
福特	優勢：**視覺技能強**，某些方面記憶力好，會透過觀看別人來學習，喜歡和其他孩子相處並注視他們。 弱勢：認知、動作、自理、溝通與社會情緒技能遲滯。	依附家人；偏好特定的大人；靠近同伴玩，有時候注視他們；**當要求無法被理解時會挫折**；會大哭及把別人推開；在戶外「跑」的遊戲中會加入同學。	使用字詞有限；**圖片溝通行為**；使用字詞無法有效帶出反應。

（二）IEP 目標

表 8-2　以 PECS 融入 IEP 之目標寫法

領域	基線期能力	年度目標	短期目標	標準
語言理解（4）	**使用圖片**遵循一些作息的指令。	福特能在班級活動中對不同的單一指令做出反應。	1. 當給予**圖片／圖卡提示**時，福特能用口語針對班級指令做出反應。 2. 當給予**姿勢提示**時，福特能對班級指令做出反應。 3. 當只給予**口頭輸入**時，福特能對班級指令做出反應。	80% 時間在作息及非作息的活動 80% 時間在作息的活動 80% 時間在作息的活動

（三）IEP 目標達成率評量

評量學生 IEP 目標達成結果，可分為量的評量與質的評量，給家長的評量報告書（Progress Report）是其中一種量的評量，附在其後之教師的意見（Teacher's Comments）是質的評量。

表 8-3　以 PECS 融入 IEP 之目標評量寫法

編號	需求	個數	IEP 目標	零級 0%	初級 1-49%	中級 50-99%	高級 100%
1	溝通	3	要東西的 用詞			✓✓	✓
2	溝通	3	要求		✓	✓✓	
3	溝通	3	用圖、字 問問題		✓	✓✓	
4	認知	3	數概與字 彙		✓	✓	✓
5	認知	3	PECS/ Words		✓✓	✓	
6	自理	3	功能性				✓✓✓
合計		18			5 （27.8%）	8 （18.0%）	5 （27.8%）

　　以下是老師對學生福特期末的 IEP 成就報告質的評量內容：

　　福特會要求大或小的東西，及用圖片兌換溝通系統（PECS）再加上文字來要 1、2 或 3 個東西。他可以說出班上同學的名字，但不會主動問候他們。他使用 PECS 加上文字，在結構化的活動中能回答「你看到什麼東西？」在結構的活動中當被問到「你要……？」他會回答「是」。他還不了解「……在做什麼？」但他已經學到幾個「活動」的詞語，他能講很多把字混合在裡面的詞語。

資料來源：李翠玲（2005）。

八、評析與反思

PECS 主要使用於自閉症或沒有溝通能力的兒童，Bondy 與 Frost（1994）以 PECS 訓練一名無口語的三歲自閉症兒童，結果發現四個月後，該生即能在移動圖片時使用語言。其他的研究（Anderson, 2001; Schwartz, Garfinkle, & Bauer, 1998; Simon, Whitehair, & Toll, 1996）亦證明 PECS 在自閉症兒童、溝通障礙兒童或智能障礙兒童的訓練成效。PECS 在美國本土與其他國家已經獲得廣泛的使用（Siegel, 2000; Yamall, 2000）。Ganz 等人（2012）分析 24 篇自閉症者使用 Augmentative and Alternative Communication 之研究，發現其對自閉症者的行為介入具正向效果，且發現 PECS 的效果量較大。近年來 PECS 的研究拉長到多年期之追蹤研究，研究結果也顯示語言的溝通能力可持續增加（Jurgens, Anderson, & Moore, 2019）。

國內引進 PECS 之最早的論文出現於 2000 年，自 2002 至 2013 年計有 11 篇以單一受試法進行後設分析研究（李翠玲、黃澤洋，2014），大多數研究結果顯示 PECS 能獲得正向的支持，尤其呈現在自發性溝通的反應上（林欣怡，2004；許耀分，2003；陳玉麗，2010；陳明瑜，2009；謝淑珍，2002）。但是羅汀琳（2004）的研究則指出自發性的溝通仍有待觀察，董愉斐（2004）則認為自閉症孩童能透過 PECS 與人溝通，但對增加自閉症兒童主動溝通的行為並沒有獲得支持。見表 8-4。

表 8-4　PECS 介入自閉症學童溝通之研究摘要（2002-2013）

作者 （年代）	研究 對象	溝通介入 方式	研究 設計	研究 結果
謝淑珍 （2002）	兩名自閉症幼兒，一名智能障礙幼兒	PECS完成 1-6階段	單一受試法之跨個人多試探實驗設計	PECS 促進發展遲緩幼兒的主動、被動反應次數。
許耀分 （2003）	兩名 4 歲無自發性語言的自閉症幼兒	PECS進行 1-4階段	單一受試法之倒返實驗	經 PECS 教學後出現自發性溝通語言，出現語彙，跨情境類化至家庭。
林欣怡 （2004）	兩名國小低功能自閉症男童	PECS進行 1-3階段	單一受試法之跨情境多試探實驗設計	受試者主動溝通次數增加，有助於改善不良行為與口語發展，對教師的類化優於媽媽、優於同儕。
羅汀琳 （2004）	兩名 13 歲4 個月大的中度自閉症兒童	PECS完成 1-6階段	單一受試法之跨情境多試探與逐變標準設計	受試者能溝通但無法分享；提升類化能力，但自發性溝通仍有待觀察；能建立句子結構，提高語詞構音清晰度，但無法使用句子回答問題。

作者 （年代）	研究 對象	溝通介入 方式	研究 設計	研究 結果
董愉斐 （2004）	兩名 5 歲及 6 歲中度自 閉症男童 （甲、乙）	PECS 完成 1-6 階段	單一受試法 之撤回實驗 設計	兩位受試者（甲、乙）都能在介入後使用 PECS 溝通，且教學情境的整體主動溝通行為減少，但在家中則增加。非口語主動溝通行為未獲支持，在教學情境行為減少，在家中則甲減少，乙與基線期無顯著差異。口語主動溝通行為，在教學情境方面，甲在介入期無差異，在維持期增加，乙無顯著差異；在家中甲無顯著差異，乙有增加。
陳麗華 （2006）	兩名國中自 閉症學生 （甲、乙）	改編 PECS 1-3 階段 與 1-4 階 段	單一受試法 之跨情境多 試探實驗設 計	兩位受試者（甲、乙）在 PECS「食品要求」與「活動要求」的實驗中，皆完成階段一至階段三之實驗，受試甲更達成「活動要求」第四階段之實驗。

（續下頁）

作者 （年代）	研究 對象	溝通介入 方式	研究 設計	研究 結果
鄭善次 （2009）	兩名國小自閉症學生	PECS完成1-6階段	單一受試法之單一受試交替處理	PECS 或 Manual Sign並用溝通模式，能讓極重度自閉症學生獲得溝通技能。個案會在一種溝通模式上顯示其偏愛。
陳明瑜 （2009）	兩名國小自閉症學生	PECS進行1-4階段	單一受試法之跨情境多試探實驗設計	PECS 訓練增進國小自閉症學生自發性溝通行為。
馮鈺真、江秋樺 （2010）	一名7歲重度自閉症學童	PECS進行1-4階段	單一受試之跨情境多試探實驗設計	經教學後，個案能學會 PECS 第一到第四階段的課程。
陳玉麗 （2010）	一名4歲中度自閉症男童	PECS為圖片提示進行三階段教學	單一受試法之跨情境多試探實驗設計	自閉症幼兒在學校、家庭、社區等情境介入圖片提示教學後，能自發性說出目標口語，且能維持自發性說出目標口語。
姜雅玲 （2010）	一名國小具仿說能力之中度自閉症學童	AAC 訓練方案（圖片兌換訓練為其中一種）	單一受試法之撤回實驗設計（ABA設計）	中度自閉症學生接受PECS 後，對於使用句帶之反應性語句表達，具有提升和維持的成效。

資料來源：李翠玲、黃澤洋（2014）。

　　我國 2014 年後的 PECS 研究全以碩士論文為主（吳昱霖，2018；翁郁雯，2016；張瑜文，2018；莊雅雯，2020；黃璿芳，2020），主題也不脫以往範圍，並不如國外研究擴展到不同年齡層、不同主題或多年期追蹤研究，概觀國內 PECS 論文並無進一步突破與擴展。

　　儘管 PECS 和 TEACCH 的實證研究獲得不錯的效果，但是對於某些自閉症學童仍難發揮效果。例如在案例 8-2「我的失落童年」中，自閉症小朋友對 PECS 和 TEACCH 有負面的反應，因此以多元溝通方式的開發因應不同需求仍有必要，例如打字溝通法或表達性藝術治療雖然較缺乏實證研究，但對某些自閉症個案仍有其效果。此兩種教學法概述如下：

1. **促進溝通（FC）**：又稱打字溝通法，此法是由一位印度媽媽索瑪（Soma）提出，她使用打字溝通法來教導其患有自閉症的兒子提托（Tito），發現有非常好的成效（陳國龍，2021）。打字溝通法適用於低口語、高理解能力的自閉症兒童，國內亦有專屬治療機構針對自閉症兒童進行訓練。

2. **表達性藝術治療（expressive arts therapy）**：透過音樂、繪畫、戲劇、舞蹈或遊戲等作為媒介，選擇適合的多元素材以達治療效果，例如針對自閉症的藝術治療、音樂治療和遊戲治療等。由具專業背景的治療師引導實施，引導兒童表達內心的情緒或看法。

案例 8-2　我的失落童年

　　我被當成自閉症孩子，放在這間天主教會屬下的學校，全校聽說有七十幾位學生，幾乎都領有殘障手冊，主要年齡層在 3 至 6 歲。一班有三位老師，十二位學生。經過我父母的溝通之後，我被調到全校風評最好的班級，裡面有一位黃老師，聽說她最嚴格、最有辦法，每個小朋友在她教導下都會進步很多。

　　黃老師的要求比別的老師更堅持，班級門口掛著很多圖卡，排著每日流程和一些溝通要求，以及各位小朋友的名字。不論我們做什麼都要先拿圖卡、按照流程，東西也有固定劃線或標示位置（註：TEACCH 和 PECS 模式）。我的幼兒園原來就是這樣，人像機器一樣按部就班，沒有生活本身的彈性與樂趣可言。

　　我每天去上學，都覺得是要去做一隻提線木偶，被人操控，心裡有說不出的無奈和憤怒。不久後的某一天，我因不滿而大哭不止，黃老師喝止和罰坐無效，就拿一床厚厚的治療軟墊把我包住，像裹春捲一樣，並且騎在上面壓制著我（註：感覺統合訓練模式）。我拚盡全身力氣掙扎著，並且放聲狂哭，幾乎哭到筋疲力盡而聲音沙啞。

　　這種處罰讓我對這裡更是徹底失望與排斥，但是我無法用言語表達一分一毫；以後的三個月，我只好不停日夜啼哭，就像是詛咒這個讓我憤怒的世界，更希望父母親可以想通，並且願意帶我離開這間學校。

　　學校被我的哭功嚇到，不再嚴格要求我執行那一套教學方式，而那位高明的黃老師升任督學後，更換了一位溫柔的年輕老師帶我，因為我的情緒障礙嚴重。兩年多後，她也不太敢讓我參與融合課程，我徹底地被隔離，足足三年。

資料來源：游高晏（2013）。

問題與反思

1. 你有使用過 PECS 或 TEACCH 教學法來幫助自閉症孩子溝通與教學嗎？如果有，你是如何使用？效果如何？如果沒有，你是用什麼方法幫助自閉症孩子發展其溝通能力？

2. 案例 8-2 個案對自閉症常用而公認有效的課程，包括 PECS、TEACCH、感覺統合（此位案例認為是處罰）感覺如此負面，這帶給你什麼樣的反思？

第三節　社會故事 Social Story

一、緣起

社會故事（social story）是 1991 年由美國自閉症兒童教師 Carol Gray 提出的概念，並於 1993 年再提出以社會性閱讀（social reading）作為社交技能教導的一種整合性策略。藉由社會故事增進自閉症兒童了解所面對的社交處境，減少不適當的反應，讓他們主動、自發地對處境做出反應。當時主要是以文字描述社交情境、技巧或觀念的故事，目的是幫助自閉症兒童發展社交認知和社交技巧。

二、適用對象

自閉症學生、對某些社會境遇反應顯示有所誤解的學生。

三、適用領域

特殊需求課程、社會技巧訓練。

四、內容

（一）定義：利用簡潔清晰的故事描述日常社交場合，從而引導學生做出恰當社交行為的一種重要工具。

（二）理念：同理心。其核心思想不是令自閉症學生背過或看過很多社會故事，而是透過對他們的社交評估掌握其社交缺失，根據不同的故事變化使他們懂得各類社交技巧和規則，知道在遇到特定社交場合時應做出怎樣的表現，並根據當時的情況、對方的表情反應及環境提示來揣測別人的想法，做出正確社會互動。

（三）理論基礎：以心理學理論的社會學習理論為主要依據，將自閉症兒童必須學習的社會性行為，配合兒童的生活情境編寫成故事，並透過故事學習從情境中獲取重要線索及表現適當的社會性行為，強調透過提高兒童對社會情境和社會規則的理解來促進其社會能力的發展。

（四）內涵：Gray 在其書中提到的社會故事句型共有六種，包括描述句（descriptive sentences）、觀點句（或稱透視句）（perspective sentences）、指導（示）句（directive sentences）、控制句（control sentences）、肯定句（affirmative sentences）與合作句（cooperative sentences）。其中四種句型為主要句型，使用時次序可更動。其內容如下：

1. 描述句：具體及客觀地描述事情發生時周遭環境的情況、有關人物的行為等，主要是陳述事實。

2. 觀點句／透視句：關於別人對特定事情的想法、感覺等，其目的是讓學生知道別人的觀點。

3. 肯定句：表達大多數人對特定情境的共同意見。

4. 指導（示）句：提示學生在某場合應做出的適當反應。

五、優點

（一）符合自閉症學生的特質，將教學內容寫入社會故事中而產生反應。

（二）能即時使用並反覆練習該教材，加深學生對社會故事的印象。

（三）提供真實情境，能確實改善學生的問題行為。社會故事以現實生活情境編寫，使學生可以很快地類化來解決問題。

（四）有利於自閉症學生融入普通班。

六、限制

（一）編寫不易，尤其初學者較有困難。

（二）正確行為情境有時難以全部概括寫成故事。

（三）可能出現過度類化的情況，因而產生另一種問題行為。

七、應用範例

 範例　喜歡鬧脾氣的小美

　　小美是一名小三女生，有亞斯伯格症，當她遇到不順心、不會做的事情時，常跟老師的指令唱反調，或是用尖叫大吼的方式來表達她

的情緒與想法，造成普通班老師的困擾，同學也不喜歡她。甚至她來到資源班上課後，偶爾還是會出現這樣的失控情況。

今天早上上數學課時，她因為上課沒有注意聽，<u>不會運算而開始鬧脾氣</u>；這星期四早自習到資源班上外加課程時，上到一半也曾突然站起來唱歌跳舞，經過糾正還是沒有改善，嚴重影響老師上課和同學學習，後來被叫出去個別談話後，回教室才安靜上課。老師決定要對她實施「社會故事教學法」。

老師為小美所設計的社會故事基本結構與例句如下表 8-5。

表 8-5 「不會運算而開始鬧脾氣」之社會故事句構

句式	例句
1. 描述句 　具體及客觀地描述事情發生時周遭環境的情況、有關人物的行為等。	每個人都坐在位子上上課。 我叫小美。 我因為不會運算數學題而發脾氣。
2. 觀點句／透視句 　關於別人對特定事情的想法、感覺等，其目的是讓學生知道別人的觀點。	很多人認為發脾氣會妨礙上課。 如果我不發脾氣，老師和同學都會覺得我是好學生。
3. 肯定句 　表達大多數人對特定情境的共同意見。	所以，不會運算數學題不需要發脾氣。 這是很重要的。
4. 指導（示）句 　提示學生在某場合應做出的適當反應。	我可以試著不發脾氣。 我會嘗試跟老師講我沒有聽懂、不會運算數學題。

寫社會故事需注意的一般原則如下：

1. 要確實敘述所想要達到的行為，且儘量使用正向的敘述。
2. 故事內容不要超過學生的閱讀能力，對於識字能力不佳的學生，故事不要太長，簡單扼要即可。
3. 幫助學生了解「誰」、「什麼事情」、「什麼時候」、「什麼時候結束」、「為什麼」、「哪裡」。
4. 用較簡易的字彙來解釋抽象的概念，也可利用視覺上的或實用性的圖來解釋一些模糊的字彙。
5. 儘量用第一人稱來寫故事，亦即以學生的觀點為出發點。

八、評析與反思

　　社會故事自 1991 年倡導以來，國外至今也有不少研究發表，有些學生的效果較好，有些較差，但幾乎所有研究都指出，社會故事能減少泛自閉症學生的問題行為，例如亂發脾氣、尖叫、喊叫、哭泣、大聲說話、攻擊行為等（楊蕢芬，2005）。早期研究顯示社會故事的呈現方式主要是以文字句型呈現，比較針對理解力較好的自閉症學生；近年來的研究擴及低理解能力之自閉症者，呈現方式也有使用數位形式，以便用圖片方式呈現所編擬之社會故事（Hanrahan, Smith, Johnson, Constantin, & Brosnan, 2020; Smith, Constantin, Johnson, & Brosnan, 2021）。題材除了情緒社交問題之外，也擴及年齡較長的自閉症學生之性教育（Stankova & Trajkovski, 2021）。

　　國內方面，林淑莉（2006）以主題活動搭配社會性故事及錄影帶回饋以提升中重度智能障礙學生社交互動行為，結果發現受試者皆有正向社交互動行為。黃美慧與鈕文英（2010）以後設分析來分析 2000 至 2009 年間國內外 19 和 27 篇社會故事

介入廣泛自閉症者之研究現況和成效，結果發現國內外研究對象皆以國小、自閉症居多，介入目標皆以增加適當人際互動行為最多；在成效上，國內外研究皆顯示大多有立即和維持成效，且國內社會故事具有「中等效果」，優於國外的「稍有效果」；對學齡前幼兒的實施成效最佳。

　　針對其他自閉症問題行為的社會互動教學法，以下幾種亦有參考價值，概述如下：

1. 應用行為分析教學法

透過蒐集問題行為的資料並分析，以協助個體改善問題行為。此教學法強調，學生做出適當行為時即給予正增強，使不足的能力和技能獲得改善；或針對過度的問題行為給予削弱，以減少其行為發生。教學法分三個部分：前事（antecedent，簡稱 A）、行為（behavior，簡稱 B）與後果（consequence，簡稱 C）。在實施時，亦透過系統化蒐集數據的頻率以記錄其表現進展。

2. 充電卡策略

在教學上運用自閉症兒童對特殊事物有強烈偏好的固著性，教師設計一張小卡片「充電卡」，例如使用學生喜歡的卡通人物，將應遵守的重要規定寫在卡片上，編好故事，藉由卡片提醒學生遵守規定。

3. 地板時間

主要是因為常在地板上進行活動而得名。邀請父母坐在地上和孩子一起進行遊戲，透過孩子與人（父母、治療師或同儕）互動的方式，促進其感覺與情緒的發展。此法著重三個面向：功能性秩序發展、感覺動作的處理與計畫，以

及人際關係。也稱「發展性個別差異、關係本位模式」
（developmental individual-difference, relationship-based model，
簡稱 DIR）。

Chapter 9

特殊學生問題行為之
處理策略

案例 9-1　上廁所不關門的小華

　　我是一位特教班老師,我的學生小華是一位國小六年級中度智能障礙男生,他具備簡單溝通能力。我發現這學期小華上大號時都不關門,生殖器會被同學看到,同學掩著鼻子指著小華說:「好臭!好臭!」或笑他:「羞羞臉!」我說了他很多次,叫他上廁所時,廁所門要記得關,這樣才禮貌。他雖然口頭答應,但還是常常沒有關門,令我很苦惱。

　　經提起個案會議,決議使用正向行為支持為處理小華案例問題的重點。針對問題,首先檢討小華上廁所不關門的生態原因。小組討論之後列出原因,包括:是不是廁所門不能關?是不是鎖太複雜,小華怕到時候打不開廁所門鎖,被鎖在廁所裡?另外還考慮個人因素,例如是不是小華認知能力不足不會開鎖?行為功能因素,例如為了逃避開鎖所以不關門。在行為策略部分,根據正向行為支持理論,前事策略包括檢查廁所門是否完好、可開關門?是否換成推拉門或易操作之廁所門?行為策略部分則教導小華開鎖的步驟,以減低其緊張與不安

的心情,並加強性教育隱私的認識。替代行為:教導小華向老師或同學表達不會開鎖的口語能力。後果策略:當合宜行為出現時,亦即上廁所會關門時,則給予讚美;當性教育問題行為出現,亦即上廁所不關門時,則給予指正。

資料來源:李翠玲(2015)。

問題與反思

1. 老師要如何將個案會議的結果——正向行為支持計畫以表或圖示意?

2. 若要將此會議結果納入小華 IEP 中的行為介入方案,要如何呈現?

3. 如要進行「全校性正向行為介入與支持」(SWPBS),要如何規劃?

4. 這個案例帶給你什麼樣的反思?

　　特殊學生或多或少都有情緒和行為問題,傳統的處理方式偏重於行為改變技術,後來則強調正向行為支持(Positive Behavior Support,簡稱 PBS),且更進一步將之融入特殊學生的個別化教育計畫中來執行。在處理的層次上,也從個案處理擴及學校系統之 PBS,以及多層次 PBS,強調尊重、預防與個別化需求的觀念,並針對每一階段提出策略,透過專業來解決行為與情緒的問題。本章共有兩節,第一節為正向行為支持(PBS),第二節為行為介入方案(Behavior Intervention Plan,簡稱 BIP)。

第一節　正向行為支持
Positive Behavior Support, PBS

一、緣起

（一）1960 年代前，處理特殊學生問題行為時，多強調消除行為問題，常使用嫌惡治療；1970 年代認知行為模式產生；1980 年代強調功能性評量、教育取向或非嫌惡的行為處理策略、社會技能的訓練、人本和生態模式在行為處理的應用。

（二）1990 年代美國提出正向行為支持理念，強調擬訂介入策略前應先進行行為的功能評量，以了解引發行為問題的原因和行為欲達成之目的。

（三）美國在 1997 年《身心障礙者教育修正法案》（Individuals with Disabilities Education Act Amendments）與 IDEIA 2004 法案中，將功能評量及行為支持計畫列為處理身心障礙學生高風險行為問題的法定程序，並規定學生的 IEP 中必須具有行為介入方案，以改善學生的問題行為或情緒問題。

（四）我國於 2012 年修訂《特殊教育法施行細則》，其中第 9 條明文規定 IEP 所包含的內容事項，第四款即為「具情緒與行為問題學生所需之行為功能介入方案及行政支援」。

二、適用對象

　　情緒行為障礙學生、特殊行為問題學生、一般行為問題學生。

三、適用領域

特殊需求課程、友善校園營造、班級經營策略。

四、內容

（一）定義：正向行為支持是一種以價值為導向的方法或過程，用以達成個人行為與系統地改變方式，重新設計個人生活的環境。一方面減少或消除問題行為，另一方面則是導出正向行為，增進個人生活品質（Carr et al., 2002）。

（二）理念：處理原因、提出策略、以達正向。

（三）理論基礎：

1. 正向心理學：Carr 等人（2002）指出，正向行為支持的擴大應用代表從過去病理模式轉變為正向心理學模式，重視個體的優勢、調整環境和改變生活型態，以預防行為問題及增進生活品質，讓身心障礙者成為有喜樂、價值和希望之「三 H」（happiness, helpfulness, hopefulness）的人（Carr & Horner, 2007）。鈕文英（2016）據此稱正向行為支持植基於正向心理學。

2. 行為學派：洪儷瑜與陳佩玉（2018）則依據行為學派在台灣的實施，將行為學派的發展分三個階段，包括行為改變技術（behavioral modification）、應用行為分析（ABA）與正向行為支持（PBS）。依據行為學派處理行為問題的脈絡，正向行為支持屬於行為學派發展的第三階段，此論點指出正向行為支持也屬於行為學派。

3. 社會學：正向行為支持（PBS）處理問題行為的取向是採社會模式的觀點，其強調用科學數據去有效預防可能

的危險因子，滿足對障礙個體的特殊需求，以降低其適應壓力所造成的問題（洪儷瑜、鳳華、何美慧、張蓓莉、林迺超，2015）。

（四）內涵：

1. 相關觀念：

- ABC：針對前事（antecedent）、問題行為（behavior）與後果（consequence）進行分析。

- FBA：針對行為功能性評量分析（Functional Behavior Analysis），找出問題行為原因的功能（目的）為何。

- PBS：重點在找出替代與正向的行為，以取代負向的問題行為，因此 ABC 過程中皆應提供策略。

- SW-PBIS：全校性正向行為介入與支持（Schoolwide positive behavioral interventions and supports），必須包括教師、行政人員、年級或學科教師代表，以及建議參與的家長、社區成員與學生代表（鈕文英，2009）。有時則稱 SWPBS。

- Multi-PBIS：自 1980 年代至今，PBS 領域學者依此理念發展多層級教學介入模式及方案，並應用於學校、家庭及社區中。

2. PBS 重點與策略：

- 前事：針對遠因與近因進行功能分析，包括溝通功能、引起注意、獲得、逃避、多重等，並找出相關策略（消除誘發問題行為的因素、調整環境、規劃生活作息及順序、有效遵守教室時間及規定、操縱刺激的控制提供引發適當行為的提示等）。

- 行為：針對合宜行為與問題行為提出環境策略（教導情緒控制、訓練問題解決能力、教導自我管理技能）、替代行為訓練（區別性增強行為）等。
- 後果：針對正向或負向行為出現後給予增強或忽視。

五、優點

（一）提供了解行為和學習與行為改變的概念性架構。

（二）引進行為功能的概念與功能分析的原則和方法。

（三）提供有效的教學介入和行為處理策略。

（四）預防問題行為發生，提供營造友善校園的策略。

（五）重視個別化。

六、限制

（一）教師若專業不足，則難以進行行為分析以界定導致行為問題的因素。

（二）需要靠環境與行政配合，若環境與行政支援不足，則難以達到成效。

七、應用範例

範例 **在賣場大哭大鬧的小華**

小華跟媽媽去大賣場購物，小華看到喜歡的巧克力想要買，於是拿了架上的巧克力，放入購物車中，媽媽卻拿起巧克力放回架上，於是小華便在賣場大哭大鬧。其 PBS 分析規劃如表 9-1。

表 9-1 「在賣場大哭大鬧」之正向行為支持表

前事	行為	後果
跟媽媽去大賣場，看到喜歡的巧克力。	在大賣場大哭大鬧。 目的：想要得到巧克力。	媽媽不買給他。 小華賴在地上哭鬧。
預防（策略）	新技能（策略）	反應（策略）
1. 先到小型或熟悉的商店訓練掌控環境。 2. 事前告知小華到大賣場的規範。 3. 當第一次行為徵兆（拿巧克力）出現後，指導者就須介入以預防問題行為出現。	1. **溝通能力**：教導小華說：「我可以買巧克力嗎？」 2. **問題解決能力**：遇到困難情境時會與媽媽商量。 3. **情緒控制能力**：用深呼吸替代生氣。	**對問題行為的反應：** 仍應透過溫柔且堅定的原則，並適時修正處理策略。 **對合宜行為的反應：** 1. 誇獎、鼓勵。 2. 讓個案看見自己的進步。

八、評析與反思

在功能性評量與正向行為支持成效方面，Heckaman、Conroy、Fox 與 Chait（2000）運用後設分析方式分析 22 篇研究使用功能性評量介入的效果，結果發現高達 18 篇研究支持功能性評量確實能減少情緒與行為異常高危險群孩童的問題行為。陳佩玉、蔡欣坪與林沛霖（2015）針對國內 39 篇身心障礙學生的功能本位行為介入方案之單一受試研究現況進行後設分析，發現使用功能本位行為介入方案，對減少身心障礙學生的行為問題及提升正向行為的整體介入成效，介於稍有效果到高度有效之間，各研究間的成效差異落差頗大。我國正向行為支持專書最早見於鈕文英（2001），有完整的介紹與說明。相關的研究主要為個案行為之處理，劉文英與林初穗（2006）的研究發現，教師實施問題行為功能評量與正向支持計畫的訓練課程之後，改善了學生玩弄屁股或生殖器的性問題行為；夏菁穗（2018）以正向行為支持方案對國中學習障礙學生進行行為問題之改善等。

近十年來以學校為焦點探討校內各系統運用正向行為支持的情形漸多，Griffithsa、Izumib、Alsipc、Furlongd 與 Morrisond（2019）以為期三年的全校性正向行為介入與支持（SWPBS）為焦點，針對荷蘭境內 23 所學校、共 3295 位老師進行了解其有效性，結果發現合宜社會行為有增進，不當的行為問題有略微減少，且在普通學校的效果比在特殊學校的效果好。Chitiyoa 與 May（2018）的研究發現，全校性正向行為介入與支持（SW-PBIS）模式的成效能預測其持續性。然而國內正向行為支持的研究多聚焦於學校中個別學生的問題處理與實務工作分享。相較於國際發展現況，台灣 PBS 的發展整體而言仍處於起步階段（陳佩玉、蔡淑妃，2017）。

行為介入方案
Behavior Intervention Plan, BIP

第二節

一、緣起

由於受到正向行為支持理念的影響，美國於 1997 年公布《身心障礙者教育修正法案》（Individuals with Disabilities Education Act Amendments; IDEA 1997），明文規定教師在設計行為介入方案時，應考慮使用正向來替代負向的處理策略（林蕙芬，2008）。美國於 2004 年修正公布《身心障礙者教育促進法案》（Individuals with Disabilities Education Improvement Act of 2004; IDEIA 2004），再次明文規定，學生的 IEP 中必須具有行為介入方案，以改善學生的問題行為或情緒問題（Killu, 2008）。

我國曾於 1998 年制訂《特殊教育法施行細則》，第 18 條有關身心障礙學生 IEP 所包含十款內容中，其中第五款即指出「學生因行為問題影響學習者，其行政支援及處理方式」。此即表示針對身心障礙學生伴隨情緒或行為問題而導致影響學習者，在其 IEP 中必須說明行政支援或處理。有鑑於「正向行為支持」的共識與美國立法的鼓勵，我國在 2012 年修訂《特殊教育法施行細則》（教育部，2012b），第 9 條即明文規定 IEP 所包含的內容事項中，第四款即為「具情緒與行為問題學生所需之行為功能介入方案及行政支援」。至此，行為介入方案（BIP）已經成為身心障礙學生具情緒與行為問題之 IEP 中一項必要的內容。

二、適用對象

注意力不足過動症學生、有情緒和問題行為之特殊學生。

三、適用領域

個別化教育計畫（IEP）。

四、內容

（一）定義：

依據正向行為支持的尊重、預防與個別化等原則，以行為功能評量的結果為基礎擬定處理策略，並提供行政資源。其介入目標應兼顧減少行為問題與協助個體發展適當的正向行為，以取代不當的行為表現。

（二）理念：尊重、預防、個別化。

（三）理論基礎：行為主義、應用行為分析、正向行為支持三者理論發展的時間脈絡及概念。

（四）內涵：

1. 界定目標行為：以影響學生本身的學習或干擾他人的學習作為界定目標行為之依據，例如上課時隨意講話、隨意離開座位等。這些行為如果已經影響個人學習或造成其他同學學習的干擾，則可列入為目標行為。

2. 功能性行為評量：藉由直接或間接的資料蒐集過程，了解個案目標行為和環境間交互作用的影響。例如一位經常未經允許即發言的學生，綜合多方資料研判其行為之功能為希望獲得老師與同學注意，亦即其問題行為的功能屬於「獲得外在刺激」。

3. 正向行為支持：擬出前事、行為、後果的策略。策略可包括：直接教學、社交技巧訓練、憤怒處理、提供暗示、角色扮演、示範、行為契約、壓力管理、問題解決訓練等。介入方案可採用行為改變技術、認輔、轉介醫院或諮商中心等具體方式，並將實施方法記錄在 BIP 中。

4. 行政支持：教育當局或學校行政單位必須提供適時的行政支援才能奏效，可採用個案會議、助理教師或志工協助等具體方式，亦可邀請學校相關單位、導師或家長參與（李翠玲，2014）。

五、優點

（一）及早規劃，能有效預防情緒與問題行為。

（二）將行為處理策略寫在 IEP 中，有利於要求行政資源提供配合。

六、限制

（一）進行 BIP 時，有時會受制於有限的人力物力而導致效果不彰。

（二）必須友善環境配合，若環境不友善，仍難達成效果。

七、應用範例

> **範例一** **不肯穿外套的小志**

　　小志為高功能自閉症學生，安置於小學普通班。因體育課要到戶外操場，天氣很冷，小志卻不肯穿外套到操場。以下是老師在小志的 IEP 中擬定的行為介入方案（條列式）：

（一）問題行為

　　1. 儘管寒流來襲，同學都穿上厚重衣服保暖，小志卻不肯穿上保暖冬衣。

　　2. 當要上體育課時，按照規定同學要先穿上外套再到戶外進行活動，但是小志拒絕穿上外套，而是將他的手臂直挺挺地放在身側。

（二）行為功能

　　小志有觸覺防禦，厚重衣服使小志不舒服。

（三）可能之替代行為

　　小志能在被告知上體育課前 1 分鐘自己穿上外套。

（四）介入策略

　　1. 小志喜歡玩籃球，所以老師提醒他，假如他能在鈴響前 1 分鐘（老師設定鈴響）穿好外套，就讓他玩籃球。

　　2. 小志如果做到，就在記錄欄劃記「○」。

　　3. 小志如果做不到，就在記錄欄劃記「×」。

說負面話的小范

　　小范是一位注意力缺陷過動症學生，目前安置於普通班外加資源班補救教學。普通班老師反應，小范在原普通班班級時，等待的過程會對同儕說出負面語句，資源班教師便在他的 IEP 中擬定行為介入方案，其內容如表 9-2。

表 9-2　「說負面話」之行為介入方案

行為問題界定	在原班班級等待的過程中對同儕說出負面語句。
行為功能	□獲得內在刺激：（丟、摔物，吼叫、亂打人或踢人） □獲得外在刺激： 　□特定／物理刺激（　　　　　） 　□社會刺激：引起師生注意，得到自己想要的事物。 □逃避內在刺激：（　　　　　） ■逃避外在刺激： 　■特定／物理刺激（時間不夠，逃避考試或作業） 　□社會刺激
行為介入目標	在等待過程中保有對他人的尊重及禮貌。

（續下頁）

介入策略	執行方式（內容）	負責人	執行結果
前事調整	■先兆出現時提醒 □重新指令　　□提供更多協助 □促進溝通、表達關切 □延長時間　　□轉移注意 □避免負面語言或刺激 □建立可取得刺激的預期 ■主動提供正向互動及氛圍 □預告　□感覺刺激替代、削弱或改變 □其他 說明：團體共同提醒，個別提問釐清。	導師 特教師	
行為教導	□教室行為訓練　　□生活技能訓練 □社會技巧訓練　　□系統減敏訓練 ■社會理解教導　　□溝通訓練 □放鬆訓練　　　　■自我管理計畫 □專注力訓練　　　■訂立契約 □其他 說明：訂定行為獎罰契約，結合家長生活 　　　管理。	導師 特教師 家長	

介入策略		執行方式（內容）		負責人	執行結果
後果控制	增加適當行為	☐原級增強　■活動增強 ☐代幣系統　☐社會性增強 ■自我增強　☐其他		導師 特教師	
		說明：鼓勵個案近日課堂良好表現，取代指責不當行為。			
	減少不當行為	☐過度矯正　■反應代價 ☐隔離　　　☐回復原狀 ☐消弱　　　☐身體的制伏 ☐其他			
		說明：和同儕相同處理方式為佳。			

備註：「獲得內在刺激」指為滿足聽覺、視覺或其他感官刺激的自我刺激行為。

「獲得外在刺激」指為得到他人注意、獲得想要的物品或活動。

「逃避內在刺激」指為逃避疼痛、癢、飢餓或其他不舒服的感覺。

「逃避外在刺激」指為逃避注意或逃避不想做的工作、活動或情境等。

八、評析與反思

　　針對情緒行為問題學生以及特殊學生的情緒行為問題，在其IEP 中設計行為介入方案，且在其中分析問題行為原因與處理策略，也同時要求學校所屬單位配合，全校一起動起來，已具全校性正向行為介入與支持（SW-PBIS）的概念。目前在台灣，教育行政單位規定在特殊學生的 IEP 表格中皆有如此設計，此也符合國際趨勢。有關 IEP 中行為介入方案方面的論述多為個案分

享（王若權、翁素珍、謝秀圓，2018；廖芳玫、陳婉萍、蘇芷瑩，2018），未來期待能有更多全面性與長期性的本土行為介入方案（BIP）實證研究，以進一步了解普特合作情形與行為介入方案執行的成效。

Chapter **10**

議題趨勢與展望

　　受到融合教育思潮的影響，特殊教育課程與教學也隨之變化，但特殊學生的「特殊需求」確實存在也是不爭的事實。因此，要融入普通教育課程與教學的環境中，又要確實能學到課業與技能，除了要針對其障礙的特殊性加強教學策略外，普通課程的調整也是不可或缺。展望特殊教育課程與教學的發展，課程調整模式、課程轉化、更多高品質證據本位的課程實證研究、專業知能的加強與新興課程議題等皆值得關注。

第一節　議題趨勢

　　針對特殊教育課程與教學的議題趨勢評析如下：

一、融合教育課程

　　我國目前有八成以上的特殊學生安置於普通班。特殊學生的課程以普通課程為主是必然的趨勢，但特殊學生的特殊教育需求

也不能忽視，因此強調差異化教學、通用課程設計、課程與教學調整乃趨勢使然。在融合教育氛圍中，特殊學生 IEP 除強調特殊需求的目標外，幫助特殊學生融合普通班的融合目標也很重要。

我國自 2019 年通過新課綱課程，新課綱強調素養導向，對普通教育造成不小衝擊，而特殊教育也同時回歸普通教育課程。特殊教育課程與普通教育課程接軌，兩種課程在磨合過程中仍具有相當大的挑戰性，亦面臨諸多困難，亟待化解與調整。

二、證據本位教學實務

教學時使用有實證研究支持的介入，是在普通教育與特殊教育融入科學的原則（Polloway et al., 2018）。這種證據本位教學實務（evidence-based practices）必須以科學為基礎，以教學驗證。所謂證據本位教學實務是指有足夠高品質數量的實證研究，來執行實踐教學內容，並具備改進的有效性（Cook, Tankersley, & Landrum, 2009）。

綜觀我國的特殊教育教學法實證研究，大多屬於碩士論文，碩士論文基本上缺少同儕審核（peer-reviewed），屬於未出版者，且每個人完成碩士論文的狀況不同、品質也不齊，要符合屬於「高品質」證據本位研究的標準仍有落差。

三、轉銜

特殊學生到學校接受教育、接受系統性與有效性的課程與教學，最終的目的是期能順利轉銜到下一個階段，最後能在社會中獨立並獲得有品質的生活。因此特殊教育教師在安排課程與教學

時，必須體認到這一點，也要時時反思：「我為特殊學生所安排的課程和教學，是否有助學生轉銜到下一階段？在完成學業、畢業離開學校後，他是否能在社會中謀生並有尊嚴地生活？」

四、特教教師之課程與教學專業能力

特殊教育教師在現階段面臨特殊教育課程要與普通課程接軌的要求，但由於過去特教課程與普教課程分軌而行，特教教師對普通教育的課程內容較為不熟，因此在進行課程調整時，面臨相當大的挑戰。在心態上，有不少特教教師（尤其是教中重度及多重障礙學生者）過去所受的師資培育訓練是強調功能性的課程，如今被要求回歸普通班的課程，難免會懷疑學生學得會嗎？這些心態往往造成教師在編制課程與進行教學時的困擾。

第二節　展望

針對特殊教育課程與教學的議題與趨勢，提出展望與期待如下：

一、課程調整模式與範例亟待開發

我國目前雖已經發展出新課綱的調整手冊，但課程調整的實證研究與範例仍十分缺乏，有待學術單位結合教學現場學校和教師進行較大型的實證研究，以開發出不同類型的課程調整模式與範例，嘉惠教學現場教師在編制課程調整與教學作為課程轉化之所需。

二、學術界「高品質」證據本位研究質量待提升

　　由於現階段我國的課程與教學實證研究大多數仍為碩士論文，為提升高品質的證據本位實證研究，學術界應進行較大規模與系統性的課程開發與實驗研究。國外在開發一種教學法時，常需由政府機關或相關單位提撥經費，結合大學學術單位與教學現場經過數年的實驗，才能逐漸成熟，並陸陸續續發表公布於世，逐漸修正其教學模式，再推廣至世界各國使用。我國雖有不少縣市政府教育單位、學術機構特教中心研發教材，或有民間單位翻譯國外的特教教學法並辦理師資訓練或家長訓練等，但大多屬於小型教材研發與翻譯之作，罕見將教材實施的研究成果發表在有同儕審核的台灣期刊上。

　　目前國內能提供發表實證研究的期刊為數並不多，且有些期刊審核標準嚴苛、拒稿率高，迫使不少實證研究轉投國際期刊而被刊登，造成台灣本土研究成果反而失去在台灣的能見度，不易有效進行系統性推廣。未來展望台灣各大學特教系所應多提供與發展可供發表的期刊平台，讓台灣本土特殊教育課程與教學的實證研究成果增加能見度，促進國內特教教學現場課程與教學的活化，進而帶動產出具有本土化與系統性的特教課程與教學。

三、專業知能之加強

　　面臨課程與教學法不斷翻新，特殊教育教師專業能力素養需要加強，因此相關的研習與進修實屬必要。如今專業教師不但必須具備特殊教育的課程、教學與 IEP 編制能力，也要對普通課程和新課綱內容有所了解，這樣才能有效進行課程轉化與融入。

四、新興課題之融入

　　處於科技與人文快速變動的時代，特殊教育的課程隨之變動，新興議題也隨之出現，這些新興議題會影響特殊教育課程的編制與教學設計，融入新興議題的課程研究也可能成為未來研究的重點，這些都不可忽視，例如：學習障礙兒童線上閱讀歷程、來自眼球移動（EMDR）的證據、AI融入課程與文化回應式之教學等。

參考文獻

●● 中文部分

于曉平、張靖卿（2010）。特殊學生課程與教學之要素的認識。載於侯禎塘（主編），**身心障礙教材教法**（頁 1-21）。台北市：心理。

方俊明（2011）。**特殊教育的哲學基礎**。北京市：北京大學出版社。

毛連塭（1999）。**特殊教育教學法**。台北市：心理。

王大延、莊冠月（1998）。**結構性教學對增進自閉症學童認知能力之成效研究**。國科會專題研究報告（編號：NSC 87-2413-H133-007），未出版。

王文科（2007）。**課程與教學論**。台北市：五南。

王若權、翁素珍、謝秀圓（2018）。實例六：高職特教班自閉症學生「離開教室及校園行為」。載於洪儷瑜等（主編），**特殊教育學生的正向行為支持**（頁 321-343）。新北市：心理。

王振德（2002）。教育改革、九年一貫課程與特殊教育。**特殊教育季刊，82**，1-8。

王瓊珠（2004）。故事結構教學加分享閱讀對增進國小閱讀障礙學童讀寫能力與故事結構概念之研究。**臺北市立師範學院學報：教育類，35**（2），1-22。

王瓊珠（2010）。**故事結構教學與分享閱讀**（第二版）。台北市：心理。

任慶儀（2019）。**教案設計**。台北市：五南。

朱宗順（2011）。**特殊教育史**。北京市：北京大學出版社。

朱原禾、江俊漢（2009）。全方位設計理論與在教學上的應用。**教師之友，50**（1），90-100。

余禮娟（1999）。讓「自我決策」成為身心障礙者生命自由上彩。**特教園丁，15**，32-44。

吳武典（2020）。十二年國民基本教育特殊教育課綱（108 特教課綱）的定位與特色。**特殊教育季刊，154**，1-12。

吳昱霖（2018）。**圖片兌換溝通系統訓練對國小自閉症學生溝通行為之研究**（未出版之碩士論文）。國立嘉義大學，嘉義市。

呂依蓉（2016）。《薩拉曼卡宣言與特殊需求教育行動綱領》翻譯：融合教育檢視與反思（一）。**特殊教育季刊，138**，21-28。

呂美娟、施青豐、李玉錦（譯）（2002）。**特殊教育課程與教學**。（原作者：J. L. Bigge & C. S. Stump）。台北市：學富文化。

李姿德、李芃娟（2003）。交互教學法對增進聽覺障礙學生閱讀理解能力之研究。**特殊教育與復健學報，11**，127-152。

李惠蘭、蔡昆瀛（2009）。融合教育下特殊教育課程設計之探討。**國小特殊教育，47**，39-50。

李翠玲（2001）。**特殊教育教學設計**。台北市：心理。

李翠玲（2002）。評鑑個別化教育計畫之啟智教育課程要素：IEP 檔案分析與特教老師訪談研究。載於 **2002 年海峽兩岸特殊教育學術研討會論文集**。

李翠玲（2005）。圖片兌換溝通系統（PECS）融入教學與 IEP 之設計。**花蓮特教，34**，21-27。

李翠玲（2014）。個別化教育計畫中之行為介入方案發展與應用。**特殊教育發展期刊，57**，13-22。

李翠玲（2015）。結合案例教學法與正向行為支持處理智能障礙學生性問題行為之探討。**特殊教育發展期刊，60**，1-10。

李翠玲（2016）。重度與多重障礙學生之融合教育議題與案例探討。**特殊教育發展期刊，62**，15-22。

李翠玲（2018）。台灣特殊教育課程綱要演變之特色與教學現場反思之探討。**特殊教育發展期刊，65**，1-10。

李翠玲、黃澤洋（2014）。自閉症學童輔助溝通系統介入成效：系統性回顧與後設分析。**特殊教育與輔助科技學報，7**，23-49。

李翠玲、鐘梅菁、邱奕君、邱上純（2008）。個別化教育計畫在學前融合班實施之探討：以一個融合班為例。**教育學刊，31**，121-156。

李麗貞、王淑惠（2008）。交互教學法對國小學習障礙學生閱讀理解成效之研究。**東臺灣特殊教育學報，10**，71-92。

周淑卿（2013）。課程綱要與教科書的差距——問題與成因。**課程與教學季刊，16**（3），31-58。

林宏熾（1999）。身心障礙者自我決策與自我擁護之探討。**特殊教育季刊，73**，1-13。

林宏熾、丘思平、江佩珊、吳季樺、林佩蓁（2003）。高職輕度智能障礙學生自我決策狀況之分析。**東臺灣特殊教育學報，5**，25-46。

林佩欣、周台傑（2004）。交互教學法對國中學習障礙學生閱讀理解學習效果之研究。**特殊教育學報，19**，87-122。

林欣怡（2004）。**圖片兌換溝通系統對改善國小低功能自閉症自發性溝通行為類化之成效**（未出版之碩士論文）。國立臺北師範學院，台北市。

林淑莉（2006）。主題活動搭配社會性故事及錄影帶回饋之社交技巧教學方案對中重度智能障礙學生社交互動行為的影響。**特殊教育學報，23**，55-84。

林淑莉、胡心慈（2013）。由教師執行之結構化個別工作系統訓練方案對特幼班兒童主動行為的影響。**臺北市立大學學報，45**（1），81-103。

林進材、林香河（2013）。**教育實習的理論與實際成為合格教師**。台北市：五南。

林蕙芬（2008）。如何執行正向行為支持計畫。**特教園丁，24**（1），42-47。

邱大昕（2009）。被忽略的歷史事實：從視障者工作演變看大法官釋字第六四九號解釋。**社會政策與社會工作學刊，13**（2），55-86。

邱大昕（2012）。台灣早期視障教育之歷史社會學研究（1891-1973年）。**教育與社會研究，24**，1-40。

姜雅玲（2010）。運用輔助科技對增進國小中度自閉症學生溝通能力之研究。**工業設計教育學刊，3**，77-86。

宣崇慧、盧台華（2010）。直接教學法對二年級識字困難學生識字與應用詞彙造句之成效。**特殊教育研究學刊，35**（3），103-129。

施良方（1997）。**課程理論**。高雄市：麗文。

柯秋雪（2018）。歐美學前融合教育之課程與教學的發展及特徵。**課程與教學，21**（1），1-26。

柯華葳（2010）。閱讀理解教學。載於王瓊珠、陳淑麗（主編），**突破閱讀困難——理念與實務**（頁167-185）。台北市：心理。

洪清一（2019）。**特殊需求學童之課程與教學**。台北市：五南。

洪儷瑜（2014）。邁向融合教育之路——回顧特殊教育法立法三十年。載於中華民國特殊教育學會（主編），**2014中華民國特殊教育學會年刊：融合教育之回顧與展望**（頁21-31）。台北市：中華民國特殊教育學會。

洪儷瑜、陳佩玉（2018）。從兩個三角形談臺灣推動正向行為支持的發展。載於中華民國特殊教育學會（主編），**2018 中華民國特殊教育學會年刊**（頁 121-140）。台東市：中華民國特殊教育學會。

洪儷瑜、鳳華、何美慧、張蓓莉、林迺超（2015）。特殊教育學生情緒行為問題處理守則與專業倫理之草案調查研究。載於中華民國特殊教育學會（主編），**2015 中華民國特殊教育學會年刊**（頁 205-222）。彰化市：中華民國特殊教育學會。

胡永崇（2010）。我國九十八年版特殊教育法之檢討。**國小特殊教育，49**，1-9。

唐紀絜、林宏熾、林金定、陳英進、羅淑珍、簡言軒（2005）。特殊幼兒家庭生活品質測量工具之發展——臺灣經驗。**身心障礙研究季刊，3**（1），33-53。

夏菁穗（2018）。正向行為支持方案對國中學習障礙學生行為問題改善。**身心障礙研究，16**（3-4），178-200。

翁郁雯（2016）。**圖片兌換溝通系統在遊戲情境教學中自閉症兒童溝通行為之效果**（未出版之碩士論文）。臺北市立大學，台北市。

高桂足、吳孟恬、李慧玲（2008）。工作分析法為理念的游泳教學初探：以中度智能障礙學生的教學為例。**大專體育學術專刊**，799-804。

張如杏、林幸台（2009）。特教醫療化現象之探討。**特殊教育與復健學報，21**，1-17。

張恆豪（2007）。特殊教育與障礙社會學：一個理論的反省。**教育與社會研究，13**，71-93。

張美雲、林宏熾（2007）。發展遲緩兒童家庭社會支持與賦權增能之相關研究。**特殊教育學報，26**，55-84。

張瑜文（2018）。**圖片兌換溝通系統融入共享式注意力策略之方案提升自閉症兒童共享式注意力之成效**（未出版之碩士論文）。臺北市立大學，台北市。

教育部（1984）。**特殊教育法**。台北市：作者。

教育部（1998）。**特殊教育法施行細則**。台北市：作者。

教育部（2000）。**特殊教育課程教材教法及評量方式實施辦法**。台北市：作者。

教育部（2009a）。**高級中等以下學校特殊教育課程發展共同原則及課程大綱總綱**。台北市：作者。

教育部（2009b）。**特殊教育法**。台北市：作者。

教育部（2012a）。**身心障礙學生考試服務辦法**。台北市：作者。

教育部（2012b）。**特殊教育法施行細則**。台北市：作者。

教育部（2017）。**特殊教育課程綱要**。取自 http://subject.naer.edu.tw/2d/special/course/course_0101.asp

莊雅雯（2020）。**中部五縣市學前特殊教育教師對低口語或無口語幼兒使用輔助溝通系統之知能與實際執行現況調查——以圖片兌換溝通系統為例**（未出版之碩士論文）。臺中教育大學，台中市。

許耀分（2003）。**圖片兌換溝通系統教學對增進自閉症兒童自發性使用圖片溝通行為之研究**（未出版之碩士論文）。臺北市立師範學院，台北市。

郭美滿（2012）。解析特殊教育法。**國小特殊教育，53**，13-23。

陳玉麗（2010）。**圖片提示教學對自閉症幼兒自發性口語溝通能力之影響**（未出版之碩士論文）。國立臺中教育大學，台中市。

陳佩玉、蔡欣坪、林沛霖（2015）。身心障礙學生功能本位行為介入方案成效之後設分析。**特殊教育研究學刊，40**（1），1-30。

陳佩玉、蔡淑妃（2017）。正向行為支持的發展趨勢：2008-2017。

載於中華民國特殊教育學會（主編），**2017 中華民國特殊教育學會年刊**（頁 163-184）。台東市：中華民國特殊教育學會。

陳明瑜（2009）。**圖片兌換溝通系統訓練對增進國小自閉症學生自發性溝通行為成效之研究**（未出版之碩士論文）。國立嘉義大學，嘉義市。

陳國龍（2021）。自閉症。載於孟瑛如（主編），**特殊教育概論：現況與趨勢**（二版）（頁 475-506）。新北市：心理。

陳絲錚（1992）。淺談國小重度班的教學心得。**特殊教育季刊，42**，35-39。

陳榮華（1984）。高雄市智能不足教育現況檢討與建議。**特殊教育季刊，13**，11-14。

陳漪真、佘永吉（2018）。直接教學法結合繪本教材對提升國中學習障礙學生英語字彙學習之成效。**身心障礙研究，16**（3-4），201-219。

陳增智（2008）。**藥用植物的故事 50 則**。台北縣：旗林。

陳韻婷、趙本強（2011）。國中智能障礙學生自我決策能力現況暨影響因素及支持情形之調查研究。**特殊教育與復健學報，24**，81-105。

陳麗如（2007）。**身心障礙學生教材教法**。台北市：心理。

陳麗華（2006）。**圖片兌換溝通系統訓練對國中無口語自閉症學生溝通行為之成效**（未出版之碩士論文）。國立臺北教育大學，台北市。

曾文麗（2018）。影像提示策略是否能提升國中智能障礙學生餐點製備技能的學習成效。**特殊教育學報，48**，53-92。

曾思瑜（2003）。從「無障礙設計」到「通用設計」——美日兩國無障礙環境理念變遷與發展過程。**設計學報，8**（2），57-76。

游高晏（2013）。**我和地球人相處的日子**。台北市：文經社。

鈕文英（2001）。**身心障礙者問題行為處理：正向行為支持取向**。台北市：心理。

鈕文英（2003）。**啟智教育課程與教學設計**。台北市：心理。

鈕文英（2006）。國小普通班認知障礙學生課程與教學調整方案之發展與成效研究。**特殊教育與復健學報，15**，21-58。

鈕文英（2009）。**身心障礙者的正向行為支持**。台北市：心理。

鈕文英（2016）。**身心障礙者的正向行為支持**（第二版）。新北市：心理。

馮鈺真、江秋樺（2010）。圖片兌換溝通系統在自閉症兒童溝通能力之應用。**雲嘉特教，12**，43-51。

黃凡珊、劉明松（2021）。直接教學法對國小特教班學生識字學習成效之研究。**障礙者理解學刊，17**（2），81-109。

黃美慧、鈕文英（2010）。社會故事對廣泛自閉症者介入成效之分析。**特殊教育與復健學報，22**，1-23。

黃湘儀、林宏熾（2006）。高職階段特教班自閉症學生休閒娛樂自我決策之詮釋研究。**特殊教育研究學刊，31**，165-186。

黃瑞珍（1999）。故事結構分析法在語言學習障礙兒童教學之應用。**國小特殊教育，27**，4-10。

黃慶齡、吳美霖（2017）。教學策略介入中重度智能障礙者學習烘焙技能之成效──以春暉烘焙坊為例。**身心障礙研究，15**（1），50-58。

黃璿芳（2020）。**圖片兌換溝通系統增進國中低口語自閉症學生主動溝通行為成效之探究**（未出版之碩士論文）。國立臺東大學，台東縣。

黃瓊儀（2012）。台灣近十年閱讀障礙學童閱讀理解策略教學成效之

後設分析。**東臺灣特殊教育學報**，**14**，243-268。

楊秀華、林純真（2015）。自我決策教學模式提升了學生在高三就業轉銜階段在職場展現與工作相關的自我決策能力。**特殊教育發展期刊**，**60**，49-66。

楊詠雯、林宏熾、林示安、周穎馨、柯馨絜（2005）。自閉症青年自我決策狀況之分析——以臺灣中部地區為例。**身心障礙研究季刊**，**3**（2），102-112。

楊碧桃（1996）。結構式教學法在國小啟智班的實驗教學研究。**屏東師範學院學報**，**9**，33-62。

楊蕢芬（2005）。**自閉症學生之教育**。台北市：心理。

董愉斐（2004）。**應用圖片兌換溝通系統教學法增進自閉症兒童主動溝通行為之研究**（未出版之碩士論文）。屏東師範學院，屏東縣。

董冀輝、林宏熾（2005）。特殊教育學校高職部教師對智能障礙學生自我決策素養之研究。**特殊教育學報**，**22**，145-178。

詹穆彥、張恆豪（2018）。平等參與或特殊待遇？臺灣障礙者大學入學制度變遷之社會學分析。**特殊教育研究學刊**，**43**（3），1-28。

雷江華、方俊明（2011）。**特殊教育學**。北京市：北京大學出版社。

廖芳玫、陳婉萍、蘇芷瑩（2018）。實例五：國中資源班 ADHD 學生「課堂干擾行為」。載於洪儷瑜等（主編），**特殊教育學生的正向行為支持**（頁 307-332）。新北市：心理。

廖凰伶（2000）。**直接教學與全語教學對國中低閱讀能力學生閱讀理解表現之研究**（未出版之碩士論文）。國立彰化師範大學，彰化市。

趙本強（2009）。自我決策課程對國小高年級資源班學生教學成效之

研究。**特殊教育學報**，**29**，111-136。

趙本強（2011a）。學齡階段身心障礙學生自我決策量表之編製。**特殊教育學報**，**34**，101-134。

趙本強（2011b）。提升高職特教班學生自我決策能力成效之研究——從做中學之教學模式。**特殊教育學報**，**33**，93-124。

趙本強（2013）。高中職以下身心障礙學生自我決策能力之探究——跨性別、教育階段及障礙類別之分析研究。**特殊教育學報**，**37**，113-148。

劉文英、林初穗（2006）。教師實施行為功能評量與正向支持計畫對特殊教育孩童問題行為處理的成效研究。**教育研究學報**，**40**，23-41。

劉佩嘉、林宏熾（2004）。高中職特教班智能障礙學生自我決策之研究。**特殊教育學報**，**19**，123-156。

蔣明珊（2001）。**普通班特殊需求學生課程調整之探討及其在國語科應用成效之研究**（未出版之博士論文）。國立臺灣師範大學，台北市。

鄭善次（2009）。**比較圖片兌換溝通系統與口手語溝通模式對重度自閉症學童行為語言教學成效**（未出版之碩士論文）。國立花蓮教育大學，花蓮縣。

盧台華（1998）。身心障礙學生課程教材之研究與應用。載於**身心障礙教育研討會**。台北市：臺灣師大特教系。

盧台華（2011）。從個別差異、課程調整與區分性教學的理念談新修訂特殊教育課程綱要的設計與實施。**特殊教育季刊**，**119**，1-6。

盧台華（2016）。智能障礙學生的課程與教學。載於何素華（總校閱），**智能障礙**（頁5-1～5-32）。台北市：華騰文化。

盧明（2011）。**學前融合教育理論與實務**。台北市：華都文化。

盧明、魏淑華、翁巧玲（譯）（2008）。**學前融合教育課程建構模式**（原作者：S. R. Sandall & I. S. Schwartz）。台北市：心理。

謝宇、裴華（主編）（2021）。**李時珍的中草藥筆記（中卷）**。台北市：大都會文化。

謝佳男（2010）。邁向隔離還是融合？談國中資源班與高職特教班的融合教育。**特殊教育季刊，115**，31-36。

謝淑珍（2002）。**發展遲緩幼兒溝通教學成效之研究**（未出版之碩士論文）。國立彰化師範大學，彰化縣。

謝進昌（2015）。有效的中文閱讀理解策略：國內實徵研究之最佳證據整合。**教育科學研究期刊，62**（2），33-77。

謝騰（2020）。以正確之法行正確之事——特殊學生自我決策課程之有效性探究。**特殊教育季刊，156**，37-48。

鍾筱平（2015）。**特殊教育課程綱要實施現況與影響之研究——以桃園市為例**（未出版之碩士論文）。元智大學，桃園市。

羅汀琳（2004）。**圖片兌換系統對中度自閉症兒童溝通行為成效之研究**（未出版之碩士論文）。國立高雄師範大學，高雄市。

羅碧媛、唐榮昌（2014）。視覺式交互教學法對提升國中智能障礙學生閱讀理解成效之研究。**惠明特殊教育學刊，1**，25-51。

蘇昱蓁（2013）。**國民教育階段學校特殊教育課程綱要試行現況與問題之探究——以台中市為例**（未出版之碩士論文）。國立臺中教育大學，台中市。

鐘梅菁、江麗莉、章寶瑩、賴麗雲、黃玫玲、陳怜婷（2018）。中重度障礙幼兒進入幼兒園融合模式之建構。**教育研究學報，52**，39-63。

●● 英文部分

Anderson, A. E. (2001). *Augmentative communication and autism: A comparison of sign language and the Picture Exchange Communication System*. Dissertation Abstract International. (University Microfilms No. AAT 3027052).

Barton, L. (1993). Disability and education: Some observations on England and Wales. In S. Peters (Ed.), *Education and disability in cross-cultural perspective*. New York: Garland Publishing.

Bauminger, N., & Kimhi-Kind, I. (2008). Social information processing, security of attachment, and emotional regulation in children with learning disabilities. *Journal of Learning Disabilities, 41*(4), 315-332.

Bersani, H. (1996). Leadership in developmental disabilities: Where we've been, where we are, and where we are going. In G. Dybwad & H. Bersani (Eds.), *New voices: Self-advocacy by people with disabilities* (pp. 258-269). Cambridge, MA: Brookline Books.

Bondy, A. S., & Frost, L. A. (1994). The picture exchange communication system. *Focus on Austic Behavior, 9*, 1-9.

Boon, R. T., Paal, M., Hintz, A., & Cornelius-Freyre, M. (2015). A review of Story Mapping Instruction for secondary students with LD. *Learning Disabilities: A Contemporary Journal, 13*(2), 117-140.

Breit-Smith, A., Kleeck, A., Prendeville, J., & Pan, W. (2017). Preschool children's exposure to story grammar elements during parent-child book reading. *Journal of Research in Reading, 40*(4), 345-364.

Brinker, R. P., & Thorpe, M. E. (1984). Integration of severely handicapped students and the proportion of IEP objectives achieved. *Exceptional Children, 51*, 168-175.

Brown, A. L., & Palincsar, A. S. (1984). Reciprocal teaching of comprehension-foster and comprehension-monitoring activities. *Cognition and Instruction,1*, 117-175.

Bruns, D. A., & Thompson, S. D. (2014). Turning mealtimes into learning opportunities: Integrating feeding goals into IEPs. *Teaching Exceptional Children, July/August 2014*, 179-186.

Campbell, W. (1915/1996). *Sketches from Formosa*. Taipei: SMC Publishing.

Carr, E. G., & Horner, R. H. (2007). The expanding vision of positive behavior support: Research perspectives on Happiness, Helpfulness, Hopefulness. *Journal of Positive Behavior Interventions, 9*(1), 3-14.

Carr, E. G., Dunlap, G., Horner, R. H., Koegel, R. L., Turnbull, A. P., Sailor, W., et al. (2002). Positive behavior support: Evolution of an applied science. *Journal of Positive Behavior Interventions, 4*, 4-16.

Carter, E. W., & Kennedy, C. H. (2006). Promoting access to the general curriculum using peer support strategies. *Research & Practice for Persons with Severe Disabilities, 31*(4), 284-292.

Carter, E. W., Hughes, C., Copeland, S. R., & Breen, C. (2001). Differences between high school students who do and do not volunteer to participate in a peer interaction program. *Journal of the Association for Persons with Severe Handicaps, 26*(4), 229-239.

Carter, E. W., Moss, C. K., Hoffman, A., Chung, Y., & Sisco, L. (2011). Efficacy and social validity of peer support arrangements for adolescents with disabilities. *Exceptional Children, 78*(1), 107-125.

Carter, E. W., Sisco, L. G., Chung, Y., & Stanton-Chapman, T. L. (2010). Peer interactions of students with intellectual disabilities and/or autism: A map of the intervention literature. *Research & Practice for Persons with Severe Disabilities, 35*, 63-79.

Causton-Theoharis, J., & Theoharis, G. (2008). Creating inclusive schools for all students. *The School Adminstrtor, September*, 24-31.

Chitiyoa, J., & May, M. E. (2018). Factors predicting sustainability of the schoolwide positive behavior intervention support model. *Preventing School Failure, 62*(2), 94-104.

Conn-Powers, M., Cross, A., Traub, E., & Hutter-Pishgahi, L. (2006, September). The universal design of early education: Moving forward for all children. *Beyond the Journal*. Retrieved from http://www.journal.naeyc.org/btj/200609/

Cook, B. G., Tankersley, M., & Landrum, T. J. (2009). Determining evidence-based practices in special education. *Exceptional Education, 36*(4), 365-383.

Cook, C. R., Gresham, F. M., Kern, L., Barreras, R. B., Thornton, S., & Crews, S. D. (2008). Social skills training for secondary students with emotional and/or behavioral disorders. *Journal of Emotional and Behavioral Disorders, 16*(3), 131-144.

Cushing, L. S., & Kennedy, C. H. (1997). Academic effects of providing peer support in general education classrooms on students without disabilities. *Journal of Applied Behavior Analysis, 30*, 139-152.

Deci, E. L., & Ryan, R. M. (1985). *Intrinsic motivation and self-determination in human behavior*. New York: Plnum.

Fisher, M. H., Athamanah, L. S., Sung, C., & Josol, C. K. (2019).

Applying the self-determination theory to develop a school-to-work peer mentoring programme to promote social inclusion. *J Appl Res Intellect Disabil, 33*, 296-309.

Fryxell, D., & Kennedy, C. H. (1995). Placement along the continuum of services and its impact on students' social relationships. *Journal of the Association for Persons with Severe Handicaps, 20*, 259-269.

Gambrell, L. B., & Chasen, S. P. (1991). Explicit story structure instruction and the narrative writing of fourth- and fifth-grade below-average readers. *Reading Research & Instruction, 31*(1), 54-62.

Ganz, J. B., Earles-Vollrath, T. L., Heath, A. K., Parker, R. I., Rispoli, M. J., & Duran, J. B. (2012). A meta-analysis of single case research studies on aided augmentative and alternative communication systems with individuals with autism spectrum disorders. *Journal of Autism Development Disorder, 42*, 60-74.

Gardill, M. C., & Jitendra, A. K. (1999). Advanced story map instruction: Effects on the reading comprehension of students with learning disabilities. *Journal of Special Education, 33*, 2-17.

Gerber, M. M. (1994). Postmodernism in special education. *The Journal of Special Education, 28*(3), 368-378.

Griffin, M. M., Fisher, M. H., Lane, L. A., & Morin, L. (2018). Responses to bullying among individuals with intellectual and developmental disabilities: Support needs and self-determination. *J Appl Res Intellect Disabil, 32*, 1514-1522.

Griffithsa, A., Izumib, J. T., Alsipc, J., Furlongd, M. J., & Morrisond, G. M. (2019). Schoolwide positive behavioral interventions and supports in an alternative education setting: Examining the risk and protective factors of responders and non-responders. *Preventing School Failure: Alternative Education for Children and Youth, 63*(2), 149-161.

Hanrahan, R., Smith, E., Johnson, H., Constantin, A., & Brosnan, C. M. (2020). A Pilot Randomised Control Trial of Digitally-Mediated Social Stories for Children on the Autism Spectrum. *Journal of Autism and Developmental Disorders, 50*, 4243-4257.

Heckaman, K., Conroy, M., Fox, J., & Chait, A. (2000). Functional assessment-based intervention research on students with or at risk for emotional and behavioral disorders in school settings. *Behavioral Disorders, 25*(3), 196-210.

Hicks, S. C., Rivera, C. J., & Wood, C. L. (2015). Using direct instruction: Teaching preposition use to students with intellectual disability. *Language, Speech, and Hearing Services in Schools, 46*, 194-206.

Horn, E., Palmer, S., Butera, G., & Lieber, J. (2016). *Six steps to inclusive preschool curriculum: A UDL based framework for children's school success*. Baltimore, MD: Paul H. Brookes.

Idol, L. (1987). Group story mapping: A comprehension strategy for both skilled and unskilled readers. *Journal of Learning Disabilities, 20*(4), 196-205.

Jurgens, A., Anderson, A., & Moore, D. W. (2019). Maintenance and generalization of skills acquired through picture exchange communication system (PECS) training: A long-term follow-up. *Developmental Neurorehabilitation, 22*(5), 338-347.

Kennedy, C., Mehta, S. S., & Fryxell, D. (1997). Comparing the effects of educational placement on the social relationships of intermediate school students with severe disabilities. *Exceptional Children, 64*(1), 31-47.

Killu, K. (2008). Developing effective behavior intervention plans: Suggestions for school personnel. *Intervention in School and Clinic, 43*(3), 140-149.

Kuldanek, K. (1998). *The effects of using a combination of story frames and retelling strategies with learning disabled students to build their comprehension ability.* (ERIC document: 416469).

Leach, D. (2010). Reviewed work: Bringing ABA into your inclusive classroom: A guide to improving outcomes for students with autism spectrum disorders. *Education and Treatment of Children, 34*(2), 290-294.

Lewis, J. B., Ryndak, D. L., & Wehmeyer, M. L. (2009). The dynamic relationship between context, curriculum, and student learning: A case for inclusive education as a research-based practice. *Research and Practice for Persons with Severe Disabilities, 33*(4), 175-195.

Lovaas, O. I. (1987). Behavioral treatment and normal educational and intellectual functioning in young autistic children. *Journal of Counseling and Clinical Psychology, 55*, 3-9.

McGann, J. B. (1888). *The deaf mute schools of Canada: A history of their development with an account of the deaf mute institutions of the Dominion, and a description of all known finger and sign alphabets.* Tronto: C. J. Howe.

McGee, G. G., Almeida, M. C., Sulzer-Azaroff, B., & Feldman, R. S. (1992). *Behavioral intervention for young children with autism: A manual for parents and professionals.* Austin, TX: PRO-ED.

McGuire, J. M., Scott, S. S., & Shaw, S. F. (2006). Universal design and its applications in educational environments. *Remedial and Special Education, 27*(3), 166-175.

Mesibov, G. B., & Shea, V. (2010). The TEACCH program in the era of evidence-based practices. *Journal of Autism & Developmental Disorders, 40*(5), 570-579.

Milsom, A., & Glanville, J. (2010). Factors mediating the relationship between social skills an academic grades in a sample of students diagnosed with learning disabilities or emotional disturbance. *Remedial and Special Education, 31*(4), 241-251.

Newby, R. F., Caldwell, J., & Recht, D. R. (1989). Improving the reading comprehension of children with dysphonetic and dyseidetic dyslexia using story grammar. *Journal of Learning Disabilities, 22*, 373-380.

Orellana, L. M., Martinez-Sanchis, S., & Silvestre, F. J. (2014). Training adults and children with an autism spectrum disorder to be compliant with a clinical dental assessment using a TEACCH-based approach. *J Autism Dev Disord, 44*, 776-785.

Orkwis, R. (1999). *Curriculum Access and Universal Design for Learn.* Retrieved December 6, 2021 from https://www.ericdigests.org/2000-4/access.htm/

Palincsar, A. S. (1982). *Improving the reading comprehension of junior high students through the reciprocal teaching of comprehension-monitoring strategies.* Unpublished doctoral dissertation, University of Illinois at Urban-Champaign.

Palincsar, A. S. (1987). *Collaborating for collaborating learning of text comprehension.* (ERIC document: 285123).

Panerai, S., Zingale, M., Trubia, G., Finocchiaro, M., Zuccarello, R., Ferri, R., & Elia, M. (2009). Special education versus inclusive education: The role of the TEACCH program. *J Autism Dev Disord, 39*, 874-882.

Pierce, K. L., & Schreibman, L. (1995). Multiple peer use of pivotal response training to increase social behaviors of classmates with autism: Results from trained and untrained peers. *Journal of Applied Behavior Analysis, 30*(1), 157-160.

Polloway, E. A., Patton, R. P., Serna, L., & Bailey, J. (2018). *Strategies for teaching learners with special needs* (11th ed.). Pearson: USA.

Powell, J. W. (2003). Constructing disability and social inequality early in the life course: The case of special education in Germany and the United States. *Disability Studies Quarterly, 23*(2), 57-75.

Richgels, D. J. (1982). Schema theory, linguistic theory, and representation of reading comprehension. *Journal of Education Research, 76*(1), 54-62.

Rosenshine, B., & Meister, C. (1994). Reciprocal teaching: A review of the research. *Review of Educational Research, 64*, 479-531.

Sandall, S. R., & Schwartz, I. S. (2008). *Building blocks for teaching preschoolers with special needs*. Baltimore, MD: Paul H. Brookes.

Schwartz, I., Garfinkle, A., & Bauer, J. (1998). The Picture Exchange Communication System: Communicative outcomes for young children with disabilities. *Topics in Early Childhood Special Education, 18*, 144-159.

Siegel, B. (2000). Behavioral and educational treatments for autism spectrum disorders. *The Advocate, 33*, 22-25.

Simon, E. W., Whitehair, P. M., & Toll, D. M. (1996). A case study: A follow up assessment of facilitated communication. *Journal of Autism and Developmental Disorder, 26*, 9-18.

Smith, E., Constantin, A., Johnson, H., & Brosnan, M. (2021). Digitally mediated social stories support children on the autism spectrum adapting to a change in a 'Real World' context. *Journal of Autism and Developmental Disorders, 51*, 514-526.

Snell, M. E. (1987). *Systematic instruction of persons with severe handicaps* (3rd ed.). New York: Macmillan.

Soukup, J. H., Wehmeyer, M. L., Bashinski, S. M., & Bovaird, J. (2007). Classroom variables and access to the general education curriculum of students with intellectual and developmental disabilities. *Exceptional Children, 74*, 101-120.

Stankova, T., & Trajkovski, V. (2021). Sexual education of persons with autistic spectrum disorders: Use of the technique: 'Social Stories'. *Sexuality and Disability, 39*, 377-393.

Stokes, J. V., Cameron, M. J., Dorsey, M. F., & Fleming, E. (2004). Task analysis, correspondence training, and general case instruction for teaching personal hygiene skills. *Behavioral Interventions, 19*, 121-135.

Turner-Brown, L., Kara Hume, K., Boyd, B. A., & Kainz, K. (2019). Preliminary efficacy of family implemented TEACCH for toddlers: Effects on parents and their toddlers with autism spectrum disorder. J *Autism Dev Disord, 49*, 2685-2698.

Turner, H., Remington, A., & Hill, V. (2017). Developing an intervention to improve reading comprehension for children and young people with autism spectrum disorders. *Educational & Child Psychology, 34*(2), 13-26.

Wehmeyer, M. L. (2005). Self-determination and individuals with severe disabilities: Re-examining meanings and misinterpretations. *Research and Practice for Persons with Severe Disabilities, 30,* 113-120.

Wehmeyer, M. L., Lattin, D., Lapp-Rincker, G., & Agran, M. (2003). Access to the general curriculum of middle-school students with mental retardation: An observational study. *Remedial and Special Education, 24*(5), 262-272.

Wehmeyer, M. L., & Palmer, S. B. (2003). Adult outcomes from students with cognitive disabilities three years after high school: The impact of self-determination. *Education and Training in Developmental Disabilities, 38,* 131-144.

Wehmeyer, M. L., Palmer, S., Shogren, K., Williams-Diehm, K., & Soukup, J. (2013). Establishing a causal relationship between interventions to promote self-determination and enhanced student self-determination. *Journal of Special Education, 46*(4), 195-210.

Wehmeyer, M. L., & Schwartz, M. (1997). Self determination and positive adult outcomes: A follow-up study of youth with mental retardation or learning disabilities. *Exceptional Children, 63,* 245-255.

Weiss, M. J. (2005). Comprehensive ABA programs: Integrating and evaluating the implementation of varied instructional approaches: The behavior to typically developing toddlers. *Journal of Behavioral Education, 7*(3), 373-391.

Westling, D. L., Fox, L., & Carter, E. W. (2015). *Teaching students with severe disabilities* (5th ed.). NJ: Pearson Education.

Wieber, A. E., Evoy, K., McLaughlin, T. F., Derby, K. M., Kellogg, E., Williams, R. L., Peterson, S. M., & Rinaldi, L. (2017). The effects of a modified direct instruction procedure on time telling for a third grade student with learning disabilities with a brief comparison of interesting and boring. *Learning Disabilities: A Contemporary Journal, 15*(2), 239-248.

Winzer, M. A. (1993). *The history of special education: From isolation to integration*. Washington, DC: Gallaudet University Press.

Wong, B. Y. L. (2003). General and specific issues for researchers' consideration in applying the risk and resilience framework to the social domain of learning disabilities. *Learning Disabilities Research and Practice, 18*(2), 68-72.

Yamall, P. (2000). Current interventions in autism-a brief analysis. *The Advocate, 33*, 25-27.

國家圖書館出版品預行編目（CIP）資料

特殊教育課程與教學——案例與問題導入 / 李翠玲著
. -- 初版. -- 新北市：心理出版社股份有限公司, 2022.07
面； 公分. --（障礙教育系列；63175）
ISBN 978-986-0744-91-0（平裝）

1. CST: 特殊教育 2. CST: 課程規劃設計 3. CST: 教學法

529.5   111007264

障礙教育系列 63175

特殊教育課程與教學——案例與問題導入

作　　者：李翠玲

執行編輯：陳文玲

總 編 輯：林敬堯

發 行 人：洪有義

出 版 者：心理出版社股份有限公司

地　　址：231026 新北市新店區光明街 288 號 7 樓

電　　話：(02) 29150566

傳　　真：(02) 29152928

郵撥帳號：19293172 心理出版社股份有限公司

網　　址：https://www.psy.com.tw

電子信箱：psychoco@ms15.hinet.net

排 版 者：龍虎電腦排版股份有限公司

印 刷 者：龍虎電腦排版股份有限公司

著作完成日期：2021 年 12 月 6 日

初版一刷：2022 年 7 月

I S B N：978-986-0744-91-0

定　　價：新台幣 300 元